紀伯倫代表作

林郁 主編

特別推介

……如果某個男人或女人讀了這本書，竟無法安靜地接受這位偉人的哲學，心中無法歡唱著來自內心深處的樂章，那麼，這個男人或女人，就生命和真理而言，我們可以宣布，他們確實已經——死亡。

——芝加哥郵報

……真理就在這裡，以敘利亞式的美、音樂和理念所表達出來的真理。這是一本小聖經，讓那些準備接受真理的人去閱讀，去迷戀……

——芝加哥晚郵報

前　言

　　紀伯倫這位先知，一八八三年誕生於黎巴嫩。五歲時隨母親移居美國波士頓。十四歲返回黎巴嫩，進入貝魯特的阿希馬大學就讀，所學的科目包括醫學、宗教史、國際法及音樂。

　　一九○一年畢業後遍歷希臘、義大利、西班牙，最後在法國巴黎學習繪畫。一九○二年開始大量創作，因《反叛的精神》一書得罪土耳其當局，被教會除籍，並被列入不受歡迎人物的黑名單。一九○三年因妹妹死亡，重回美國波士頓住了五年。這時他已是知名作家。一九○八年又到巴黎，認識了雕塑家羅丹、《青鳥》的作者梅特林克及音樂家德布西等人。二十七歲（一九一○年）時返回美國，定居紐約，終身未娶。

　　一九三一年四月十日，紀伯倫病逝於紐約。

《先知》、《沙與泡沫》是紀伯倫最享譽文壇的兩部作品，書中詩句飽含人生哲理，讓人讀來備感受益。

　　《先知》像一首生命的樂章，以鏗鏘有力的文字，敲打全世界讀者的心坎。奇妙的是，這部書百讀不厭，而且每次讀來，總會有不同的感受，實在是不可多得的偉大作品！

　　最後，我們附上精選的《笑與淚》，這些美得像詩的人間哲理，可以是以文學角度來欣賞，可以是用來修行智慧的至理名句！

CONTENTS

先　知

船來的時候

當代的曙光，蒙選而受愛戴的亞穆斯達法，

在阿法利斯城中已經等候了十二年，

等他的船到來，好帶他回去他誕生的島上。

第十二年，艾露收穫之月第七天，

他出城登上山頂，向海面凝望。

他看見他的船和輕霧一起來到。

他的心門豁然洞開，

他的喜悅在海面飛翔。

他合上眼，在靈魂的靜穆中禱告。

正要下山，忽然一股憂傷襲來。

他想：我怎能這般寧靜地離去而沒有悲哀？

不！我要精神上不受創傷地離此城市。

在這城裡，我度過了悠悠痛苦的永晝和孤寂的長夜！

誰能撇下這痛苦與孤寂而沒有一絲惋惜？

在這街市，我曾撒下太多零碎的精神，

在這山中，也有太多赤裸著行走的我所愛憐的孩子，

離開他們，我不能不覺得負擔與痛心。
這不是今日我脫棄了一件衣裳，
乃是我用自己的手撕下自己的一塊皮膚；
也不是我遺棄了一種思想，
乃是遺棄了因為飢渴而變成的甜蜜之心。

然而，我不能再滯留了。
那召喚萬物來歸的大海也在召喚我，我必須登船了。
因為，若是停留下來，
我的歸思，在夜間雖仍灼熱奮發，
漸漸地卻會冰冷、凝固成石。
我若能把這裡的一切帶走，
是何等快樂呵！

但我怎能如此？
聲音的羽翼是舌和嘴唇所賦予。
他必須尋求自己的天空。
蒼鷹也須獨自越過太陽，
不能攜帶巢穴飛行。

現在他走到山腳，又轉向海面，
他看見船徐徐地駛入灣口。
那些站在船頭的水手，正是他的故鄉人。

於是他的靈魂向他們呼喚：

弄潮兒，我祖先的子孫！

多少次你們在我的夢中浮現。

現在你們在我更深的夢中，

也就是我蘇醒的時候，駛來了。

我已準備好離去，

我的熱望和帆篷一同扯滿，等著風來。

我只要在這靜止的空氣中再吸一口氣，

只要再向後拋擲熱愛的一瞥。

那時我要站在你們中間，

一個水手群中的航海者。

還有你，這無邊的大海，不眠的慈母！

只有你是江河和溪水的寧靜與自由。

這溪流還有一次轉折，

一次林中的潺湲；

然後我要向你而行，

無數涓滴歸向這無限的海洋。

當他啟行，

他看見遠處有許多男女離開田園，

急速趕來。

他聽見他們叫喚著他的名字，

在阡陌中彼此呼喚，喊著，

他的船來了！

他對自己說：

別離的日子能成為聚會的日子嗎？

我的黃昏確可算是我的黎明嗎？

那些放下耕田的犁耙，停止榨酒的人，

我將給他們什麼？

我的心能成為一顆纍纍結實的果樹，

可以採擷分給他們嗎？

我的願望能奔流如泉水，

傾滿他們的杯子嗎？

我是不是一架豎琴，

能讓那隻全能的手撥動？

或是一管橫笛，

能讓它的氣息吹拂？

我是一個寂靜的尋求者。

在寂靜中，我發現了什麼寶藏，

可以放心地布施？

倘若這是我收穫的日子，

那麼，何時何地我曾撒下種子？

倘若這確是我舉起明燈的時候，

那麼，燈內的火焰，該不是我點上的。

我將在空虛的黑暗中舉起我的燈，

守夜的人將添上燈油，也點燃火。

這些是他口中說出，
還有許多沒有說出的存在心頭。
因為他說不出自己心中更深的祕密。
他進城的時候，眾人都來迎接，
齊聲向他呼喚。
城中的長者走上前，說；你還不要離開我們。
在我們暮色的朦朧中，你是正午的潮音；
你青春的氣度，給予我們夢想。
你在我們中間不是一個異鄉人，
也不是過客，乃是我們的兒子和最親摯的愛。
不要使我們的眼睛因渴望你的容顏而酸痛。

男祭司和女祭司對他說：
不要讓海洋在這時將我們分開，
使你在我們中間度過的歲月，
僅僅成為一種回憶。
你的精神曾與我們同行，
你的影兒曾照亮我們的容顏。
我們深深地愛你。
不過，我們的愛沒有聲響，
又被輕紗蒙著。

但現在它要對你呼喚，

要在你面前揭露。

除非臨到別離的時候，

愛，永遠不會知道自己的深淺。

別的人也前來向他懇求。

他沒有答話。

他只低著頭。

靠近他的人，看見他的淚落到襟前。

他和眾人慢慢地向殿前的廣場走去。

有一個名叫艾蜜特拉的女子，從聖殿裡出來。

她是個預言者。

他以無限的溫柔注視著她，

因為她是他第一天進這城之時，

首先相信他的人。

她祝賀他：

上帝的先知，至高的探求者，

你過往常向遠處尋望你的船帆。

現在你的船兒來了，你必須歸去。

你對那記憶中的故鄉和你更大願望之居所的渴念，

是這樣深！

我們的愛，不能把你繫住；

我們的需求，也不能把你羈留。

在你別離之前，

我們要請你對我們講述真理。

我們要把這真理傳給我們的孩子，

他們再傳給他們的孩子，

如此綿綿不絕……

在你的孤獨中，

你曾守護我們的白日；

在你清醒時，

你曾傾聽我們睡夢中的哭泣與歡笑。

現在請把我們的真我向我們披露，

並告訴我們關於生和死之間的一切。

他回答：阿法利斯的民眾呵！

除了那此刻在你們靈魂中鼓蕩的之外，

我還能說什麼？

關於・愛

於是艾蜜特拉說：
請跟我們談談關於「愛」吧！

他舉頭望著民眾。一時，他們都靜默了。
他用洪亮的聲音說——
當愛向你召喚的時候，跟隨著他，
雖然他的歷程艱險而陡峻。
當他的羽翼擁抱你的時候，順從他，
雖然那藏在羽翼中的劍也許會刺傷你。
當他對你說話的時候，相信他，
雖然他的聲音也許會把你的幻夢擊碎，
如同北風吹荒了林園。
愛雖給你加冠，
他也會將你釘在十字架上。
他雖栽培你，他也刈除你。
他雖升到你的最頂端，
愛撫著你在陽光中顫動的枝葉，

他也會降到你的下方，
搖動你緊握大地的根柢。

愛採集你，如同一束束稻粟。
他舂打你使你赤裸！
他篩分你使你去殼！
他磨碾你直至潔白！
他揉搓你直至柔韌！
然後他送你到他的聖火上去，
使你成為上帝餐桌上的聖餅。
這些都是愛要對你們做的一切，
使你知道自己心中的祕密。
在這知識中，
你便成了生命之心中的一小碎片。

假如你在你的疑懼中，
只尋求愛的和平與逸樂，
倒不如掩蓋你的裸露，
躲過愛的篩打，走入那沒有季候的世界，
在那裡你將歡笑，卻不是盡情的笑顏；
你將哭泣，卻沒有流乾眼淚。
愛，除自身之外無法施與，
除自身之外無法接受。

愛，不占有，也不被占有。

因為愛在愛之中滿足了。

當你愛時，不會說：「上帝在我的心中。」

只會說：「我在上帝的心中。」

不要以為你能引導愛的路程，

因為若他覺得你配，他就會引導你。

愛沒有別的願望，只會成全自己。

但若是你愛，而且需求，

就讓以下的一切做你的願望吧！

溶化你自己，像溪流般對靜夜唱著歌曲。

要了解過度溫存的痛苦。

讓你對愛的了解毀傷你自己；

而且甘願、喜悅地流血。

清晨醒起，以喜悅的心，

感謝這愛的又一日；

日中靜息，默念愛的狂喜；

晚潮退時，懷著感恩回家；

然後在睡時祈禱，

因為有所愛在你的心中，

有讚美之歌在你的唇間。

關於・婚姻

艾蜜特拉又說：跟我們談談「婚姻」吧！

他回答——
你們一起出世，
也要永遠合一。
縱使死神的白翼隔絕你們的歲月，
你們也要合一。
對了，連在靜默地憶想上帝之際，
你們也要合一。
不過，在你們合一之中，
要留下空間，讓天風在你們之間舞蹈。

彼此相愛，但不要成為愛的枷鎖；
只讓它在你們靈魂的沙岸之間，
做個流動的海洋。
彼此斟滿了杯，
卻不要在同一杯中啜飲。

彼此遞贈麵包，
卻不要在同一塊上取食。
快樂地在一處歌唱、舞踴，
卻仍須彼此保留自我；
連琴鍵上的那些弦也要分隔，
雖然它們在同一的音符中顫動。

彼此奉獻你們的心，
可以不必互相保留。
因為只有生命的手，
才能把持你們的心。
要站在一處，卻不要靠得太近。
因為殿裡的柱子，也分立兩旁，
橡樹和松柏，也不會在彼此的蔭影中生長。

關於・孩子

一個懷中抱著孩子的婦人說：
請和我們談談「孩子」吧！

他回答──
你們的孩子，
並不真的就是你們所有，
乃是生命為其本身所渴望而降臨。
他們是藉由你們而來，
卻不是從你們而來，
他們雖和你們同在，
卻不屬於你們。

你們可以給他們愛，
卻無法給他們思想。
因為他們有自己的思想。
你們可以蔭庇他們的身體，
卻不能蔭庇他們的靈魂，

因為他們的靈魂住在明日之屋，

你們在夢中也不能探訪。

你們可以努力模仿他們，

卻不能使他們與你們相像。

因為生命不倒流，

也不與昨日一同停留。

你們是弓，

你們的孩子是從弦上發出的生命之箭。

那射者在無窮之中看定目標，

也用神力將你們引滿，

使他的箭矢迅速而遙遠地射出。

讓你們在射者手中的彎曲成為喜樂吧！

因為他愛那飛出的箭，

也愛那靜止的弓。

關於・施與

一個富人說：請跟我們談談「施與」吧！

他回答——
你把你的產業施與人，
那只算給了一點。
當你獻出自己，
那才是真正的施與。
因為你的財產，豈不是你保留著，
唯恐明日或許需要它的東西罷了？
但是明日，那隻過分憂慮的狗，
會隨著香客前往聖城，
卻把骨頭埋入無痕的沙土，
明日又能把什麼給牠？
除了需要本身之外，
需要還顧慮什麼？
你若在井泉滿溢的時候怕渴，
你的渴豈不是更難解？

某些人擁有許多財產，
卻只把一小部分施與人——
他們為求名而施與，
那潛藏的慾念，
使他們的禮物不得完美。
有人只有一點小財產，
倒全部奉獻。
這些人相信生命和生命的豐富，
他們的寶櫃總不會空虛。
有人喜樂地施與，
那喜樂就是他們的酬報；
有人痛苦地施與，
那痛苦就是他們的洗禮。
也有人施與，
並不覺出施與的痛苦，
也不尋求快樂，更非存心為善；
他們的施與，
如同那邊山谷裡的桂花，
香氣在空際不斷浮動。
從這些人手中，神表達旨意；
在他們的眼後，
上帝俯視著大地微笑。

為有所請求而施與，固然是好；
但尚未接受請求，
就默默地施與，
豈非更佳。
對於樂善好施的人，
去尋求需要他幫助者的快樂，
比施與的快樂還大。
有什麼東西，你必須保留？
必有一天，你的一切都要交出！
趁現在施與吧！
這施與的時機屬乎你自己，
不是你的後人。

你常說：「我要施與，但只給那些值得接受施與者。」
你果園裡的樹木，
和牧場上的羊群，
卻不這樣說。
它們為生命而施與，
因為保留就是毀滅。
凡是值得接受白日和黑夜的人，
都值得承受你的施與。
凡配在生命之洋中啜飲的，

都配在你的小泉裡舀滿他的杯。

他們既然有勇氣與信心及寬宏大量接受，

豈不就值得你施與？

有誰能使人把他們的心懷袒露，

把他們的自尊揭開，

使你能看出他們赤裸的價值和毫不慚愧的驕傲？

先省察你自己是否配做一個施與者，

配做一個施與的器皿。

因為實在說，

這都只是生命給予生命——

你以為自己是施主，

其實，也只不過是個證人。

至於受施的人——

你們都是接受者——

不要掮起報恩的重擔，

否則就是把軛加在你自己和施者的身上。

不如和施者的禮物，

一齊展翅飛翔；

因為過於思量你的欠負，

就會懷疑那以慈悲的大地為母、

以上帝為父者的仁慈之心。

關於‧飲食

一個開飯店的老人說：
請跟我們談「飲食」吧！

他說——
我恨不得你們能依靠大地的芬芳而生存，
如同植物接受陽光與空氣的供養。
既然你們必須殺生為食，
而且從新生動物的口中奪取牠的母乳止渴，
那就讓牠成為一個敬神的禮節吧！
讓你的餚饌擺在祭壇上，
那是叢林中和原野上純潔清白的物品，
為更純潔清白的人而犧牲。
當你殺生，心裡對牠說：
「在宰殺你的權力之下，
我也同樣被宰殺，同樣被吞食。
那把你送到我手中的法律，
也要將我送到那更偉大者的手裡。

你和我的血都不過是澆灌天堂之樹的液汁。」

當你咬嚼著蘋果，心裡對它說：
「你的子核要在我身中生長，
你來世的嫩芽要在我心中開放，
你的芬香要成為我的氣息，
我們要喜樂地度過所有的歲月。」

秋天，你在果園裡摘葡萄榨酒的時候，
心裡說：「我也是一座葡萄園，
我的果實也要摘下來榨酒。
和新酒一般，我也要被收存到永生的杯裡。」
冬日，當你斟酒，
你的心要對每一杯酒歌唱，
讓那歌曲成為一首紀念秋天、葡萄園及榨酒之歌。

關於‧工作

一個農夫說：

請跟我們談談「工作」吧！

他回答——

你工作，為的是與大地及大地的精神一同前進。

因為惰逸使你成為一個時代的異鄉人，

一個生命大隊中的落伍者。

這大隊莊嚴、高傲而服從，

朝著無窮前進。

在你工作時，

你是一支蘆笛，

從你心中吹出時光的微語，

變成音樂。

你們誰肯做一支蘆管，

當萬物合唱，

卻獨自痴呆無聲？

你們常聽人說，

工作是禍殃，勞動是不幸。

我要告訴你們，

你們工作時，

已完成大地深遠之夢的部分。

他指示你，

那夢是從何時開頭。

在你勞動不息的時候，

你確實愛了生命。

在工作中熱愛生命，

就是貫徹了生命最深奧的祕密。

倘然在你的辛苦裡，

有生之苦惱和命運之詛咒寫上你的眉間，

我將回答你，

只有你眉間的汗水能洗去這些字句。

你們也聽見人說，生命屬乎黑暗。

在你疲勞時，

你附和了那疲勞的人所說之言。

我說，生命的確屬乎黑暗，

除非是有了激勵；

一切的激勵都屬盲目，

除非是有了知識；

一切的知識都屬徒然，

除非是有了工作；

一切的工作都屬空虛，

除非是有了愛。

當你懷著愛去工作，

你便與自己、與人類、與上帝連繫為一。

怎樣才是懷著愛去工作？

從你的心中抽絲織成布帛，

彷彿你的愛人要來穿此衣裳；

熱情地蓋造房屋，

彷彿你的愛人要住在其中；

溫存地播種，歡樂地收割，

彷彿你的愛人要來吃這成果。

這就是用你自己靈魂的氣息，

充滿你所製造的一切。

要知道，一切受到祝福的古人，

都在你的頭上注視。

我常聽見你們彷彿在夢中說：

「那在大理石上呈現他自己靈魂之形象的人，

比耕地的人高貴多了。那捉住虹霓，

傳神地畫在布帛上的人，
比織履的人強多了。」
我卻要說，不在夢中，
而在正午清醒的時候，
風對大橡樹說話的聲音，
並不比對纖小的草葉所說的更甜柔；
只有那用愛心，
將風聲變成甜柔之歌曲的人，堪稱偉大。

工作是眼睛能夠看見的愛。
倘若你並不愉悅，
反倒厭惡地工作，
那還不如撇下工作，
坐在大殿的門邊，
去乞求那愉悅的工作者周濟。
倘若你沮喪地烤著麵包，
你烤成的麵包顯出苦味，
只能使一個人的飢餓半飽。
你若是怨恨地榨著葡萄酒，
你的怨恨就像在酒裡滴下毒液。
倘若你能像天使般歌唱，卻不想開口，
那你就把世人能聽到白天和黑夜之聲的耳朵都塞住了。

關於・快樂與悲傷

有個婦人說：

請跟我們談談「快樂與悲傷」吧！

他回答——

你的快樂，就是你揭去了面具的悲傷。

連你那湧溢著快樂的井泉，

也常充滿你的眼淚。

不然又如何？

悲哀的傷痕在你身上刻得越深，

你越能容受更多的歡樂。

你的盛酒之杯，

不就是那曾在陶工的窯中燃燒的坯子嗎？

那撫慰你心靈的笛子，

不就是曾遭尖刀挖刻的木管嗎？

當你快樂的時侯，

深深地省察自己的心，

你就知道，

那曾使你悲傷的，

現在正給你快樂。

當你悲傷的時候，

再省察自己的心，

你就會看出，

那曾使你喜悅的，

事實上也在使你哭泣。

你們有些人說：「快樂大於悲傷。」

也有人說：「不！悲哀更大。」

我卻要告訴你們，

它們不能分開。

它們一同到來。

當這個正和你同席，

要記得，那個正在你床上酣眠。

真的，你就如天平般懸在悲傷與快樂之間，

只有在心中不存絲毫懸念，

你才能靜止，持平。

當看管寶藏者把你提起來秤他的金銀，

你就會因快樂而升騰，

為悲傷而降沉。

關於・房屋

有個泥水匠走上前說：
請跟我們談談「房屋」吧！

他回答——
當你在城裡蓋一所房子之前，
先運用你的想像，
在野外蓋一座涼亭。
因為你黃昏時有家可歸，
你那更迷茫、更孤寂的漂泊之魂，
也必須有個歸宿。
你的房屋是你較大的軀殼。
它在陽光中成長，
在夜的寂靜中睡眠；
而且不能無夢。
你的房屋不做夢嗎？
不夢見離開城市，
登山入林嗎？

我願能把你們的房子緊握在手裡，

撒種似地把它們灑落在叢林中與綠野之上。

願山谷成為你們的街市，

綠徑成為你們的巷道，

使你們在葡萄園中相尋相訪的時候，

衣袂上帶著大地的芬芳。

但這個一時還做不到。

在你們祖宗的憂懼中，

他們把你們聚集得太近。

那憂懼還必須稍微延長。

你們的城牆，

也仍要把你們的家庭和你們的田地分開。

告訴我，

阿法利斯的民眾啊！

你們的房子裡藏著什麼？

你們鎖上門是為守護何物？

你們擁有的和平，

不就是那表現好魄力的寧靜和鼓勵嗎？

你們擁有的回憶，

不就是那連跨你心峰的燦爛之拱橋嗎？

你們擁有的美，

不就是它把你的心從木石建築引到聖山？

告訴我，你們的房屋裡可有這些東西？
或者你只有舒適和舒適的欲念？
那詭祕的東西，以客人的身分混進屋來，
然後變成主人，變成統治者？

咦！他變成一個馴獸人了，
用鉤鐮和鞭笞，
使你較偉大的願望變成傀儡。
他的手雖柔軟如絲，
他的心卻是如鐵打成。
他哄你入夢，
是為了站在你的床側，
譏笑你肉體的尊嚴。
他嘲弄你健全的感官，
把它們放在鵝絨輕絮之上，
如同易碎的杯盤。
真的，只求舒適之慾，
卻殺害了你靈魂的熱情，
又傻傻地笑著在你的殯儀隊中徐徐前行。
但是，你們這些太空的兒女，
你們在休息時也應警惕，
不應落入陷阱，也不應被馴服。
你們的房子不應當作成錨，

卻應作成桅。
它不應當成為一片遮掩傷痕的閃亮薄膜，
卻應成為那保護眼睛的睫毛。
你不應當為穿門走戶而收斂翅翼，
不應當為恐懼觸到屋頂而低頭，
也不應當為怕牆壁崩裂而停止呼吸。
你不應當住在那死人替活人築造的墳墓之內。
無論你的房屋多麼壯麗與輝煌，
也不應當使它隱住你的祕密，
遮住你的願望。
因為你內在的無窮性就住居天園之內，
那天園是以晨霧為門戶，
以夜的靜寂和歌聲為窗。

關於・衣服

一個織工說：
請跟我們談談「衣服」吧！

他回答——
你們的衣服遮蓋了許多的美，
卻遮不住醜惡。
你們雖可在衣服裡找到隱祕的自由，
卻也找到了桎梏與羈絆。
我恨不得你們多用皮膚而少用衣服去迎接太陽與風。
因為生命的氣息就在陽光中，
生命的把握就在風裡。

你們當中有人說：
「那紡織衣服給我們穿的是北風。」
我也說：對的，是北風。
但北風是以羞恥為織機，
以軟弱的筋肌為紗線；

當工作完畢，便在林中喧笑。

不要忘卻，羞怯只是遮擋不潔之眼目的盾牌。

若是再也沒有不潔的人，

羞怯不就只是心的桎梏與束縛嗎？

也別忘了大地歡喜和你的赤腳接觸，

風希望和你的頭髮遊戲。

關於・買賣

一個商人說：
請跟我們談談「買賣」吧！

他回答──
大地貢獻你果實，
你若曉得怎樣裝滿你的手，
就不再匱乏了。
在交換大地的禮物時，
你將感到豐裕而滿足。
但若非用愛和公平交易，
則必有人流為貪婪，
有人陷入饑饉。

你們這些在海上、田間和葡萄園裡流汗的人，
到市場上與織工、陶工和採集香料的人相見時──
就當祈求大地之神降臨到你們中間，
以聖化天平，以及那較量價值的核算。

不要容許遊手好閑的人參加你們的買賣，
他們會以言語換取你們的勞力。
你們要對這種人說：
「同我們到田間，
或者跟我們的兄弟到海上撒網，
因為大海與陸地，
對你們就如對我們一樣慈惠。」

倘若那吹簫和歌舞的人前來，
你們也應買下他們的才藝。
因為他們也是果實和乳香的採集者，
他們所帶來的雖係夢幻，
卻是你們靈魂上的衣食。

在你們離開市場之前，
要看著有沒有人空手回去。
因為大地之神，
不到你們每人的需要全都滿足以後，
他必不會在風中寧靜地睡眠。

關於・罪與罰

本城的法官，有一個上前說：
請跟我們談談「罪與罰」吧！

他回答——
當你的靈性隨風飄蕩，
你孤寂而失慎地對別人，
也就是對自己犯了過錯。
為了所犯的過錯，
你必須去叩響那受福者之門，
在承受怠慢中等待片刻。

你的神性像海洋；
他永遠純潔不被污染，
又像大氣一樣，
只幫助有翼者飛翔。
你的神性也像太陽；
他不知道田鼠的徑路，

也不尋找蛇虺的洞穴。

但是，你的神性不是獨居在你裡面。

在你裡面，

有些仍是人性，

有些還不成人性，

只是未成形的侏儒，

睡夢中在煙霧裡蹣跚，

自求覺醒。

我現在所要說的，

就是你的人性。

因為那知道罪與罪之刑罰的，

是他，而不是你的神性，

也不是煙霧中的侏儒。

我常聽到你們論議一個犯了過失的人，

彷彿他不是你們的同路人，

只像是個外來客，

是你們世界的闖入者。

我卻要說，連那聖潔和正直的人，

也不能超越你們每個人心中的至善。

所以那奸邪和懦弱的，

也不能低於你們心中的極惡。

如同一片樹葉，

除非得到全樹的默許，

不能獨自變黃。

所以那為惡者，

若沒有你們大家無形中的慫恿，

也不會為惡。

如同一個隊伍，

你們一同朝著你們的神性前進。

你們是路，也是旅人。

當你們中間有人跌倒，

他是為了他後面的人而跌，

是一塊絆腳石的警告。

是的，他也為他前面的人而跌，

因為他們的步履雖然又快又穩，

卻沒有把那絆腳石挪開。

還有這個，雖然這些話語會重壓你的心，

被殺者對於自己的被殺不能不負咎，

被劫者對於自己的被劫不能不受責。

正直的人，對於惡人的行為，

也不能算無辜；

清白的人，對於惡人的犯罪，

也不能算未染。

是的，罪犯往往是被害者的犧牲品，

罪人更往往為那些無罪無過的人背負罪名。

你們不能把至公與不公、至善與不善分開，

因為他們一同站在太陽面前，

如同織在一起的黑絨和白線，

黑絨斷了，織工就要視察整塊布，

也要察看那機杼。

你們之中若有人要審判一個不忠誠的妻子，

讓他也拿天平稱一稱她丈夫的心，

拿尺量一量他的靈魂。

讓鞭撻人者，

先察一察那被鞭撻者的靈性。

你們如有人要以正義之名，

砍伐一顆惡樹，

讓他先察看樹根：

他一定能看出那好的與壞的，

能結實與不能結實的樹根，

都在大地沉默之心中，

糾結成一團。

你們這些願持公正的法官，

你們將怎樣裁判那忠誠其外而盜竊其內的人？

你們又將怎樣刑罰一個肉體受戮，

在他自己是心靈遭滅的人？

你們又將怎樣控告那行為上刁猾、暴戾，

事實上是被威逼、被虐待的人？

你們又將怎樣責罰那悔心已經大於過失的人？

懺悔豈不就是你們所喜歡奉行的法定公道？

然而，你們不能將懺悔放在無辜者身上，

也不能將它從罪人心中取出。

懺悔要在夜中呼喚，

使人們醒轉，反躬自省。

你們這些願意了解公道的人，

若不在大光明中視察一切行為，

又怎能了解？

只在那時，你們才知道那站立與跌倒的，

原是同一個人，

站在侏儒性的黑夜與神性的白日之間的薄暮之光中。

你也要知道，

那大殿的角石並不會高於那最低的基石。

關於‧法律

一個律師說：
但是，我們的「法律」怎麼樣？

他回答——
你們喜歡立法，
卻更喜歡犯法。
如同那在海濱遊戲的孩子，
勤懇地建造了沙塔，
而後又嘻笑地將它摧塌。
但是，當你們建造沙塔，
海洋又送了許多沙土上來；
待你們毀壞了那沙塔，
海洋又與你們一同哄笑。
真的，海洋常和天真的人一同哄笑。

但是，對於某些人，
生命並非海洋，

人為的法律也不是沙塔。

對於那些人，

生命是岩石，

法律是鑿子，

他們要在岩石上刻出自己的形象。

跛子為什麼嫉恨他人跳舞？

牛為什麼喜愛車軛，

反認為森林中的麋鹿是迷途的浪子？

蛇脫不掉自己的皮，

卻說所有其他生物赤裸而無恥？

為什麼有些人搶先參加喜筵，

到了過飽而厭倦地歸去，

卻說所有的筵席都是褻瀆，

所有赴宴的人都犯了律法？

對這些人我還能說什麼？

只能說他們站在陽光下卻背向太陽。

他們只看見自己的影子，

他們的影子就是他們的法律。

對他們而言，

太陽豈不只是投影的東西而已？

他們承認法律，

豈不是彎著身子在地上追尋他們的影子？

但是，你若面朝太陽邁進，

有什麼映在地上的影子擋得了你？

你若御風而行，

還要什麼風標指引你的方向？

如果你只打碎自己的軛，

而不是將它打碎在別人的獄門上，

有什麼法律能束縛你？

如果你能跳舞而不絆倒在別人的鐵柵上，

你還怕什麼法律？

如果你撕毀自己的外衣，

並不丟棄在別人的通路上，

誰能將你審判？

阿法利斯的民眾啊！

你們縱能矇住鼓聲，

鬆了琴弦，誰又能禁止雲雀不高聲歡唱？

關於・自由

一個辯士說：
請跟我們談談「自由」吧！

他回答——
在城門邊，爐火光前，
我曾看見你們膜拜自己的「自由」，
就像那些囚奴，
在誅戮他們的暴君之前卑屈、頌讚。
噫！在廟宇的林中，
城堡的陰影裡，
我曾看見你們之中最自由者，
把自由像枷銬戴上。
我心裡憂傷，
因為當那求自由的願望也成了羈束，
你們再不以自由為標竿、為成就，
你們才算是真正自由。

當你們的白日仍有所牽掛，

你們的黑夜也有所匱乏和憂傷，

你們才算是已得自由。

當那些事物包圍住你的生命，

你卻能赤裸裸無牽掛地超騰，

你們才算是真正自由。

但若不是在你們了解的黎明中，

折斷了繞結在你們午時的鎖鍊，

你們怎能超脫你們的白天和黑夜？

其實，你們所謂的自由，

就是最堅牢的鎖鍊，

雖然那鍊環閃爍在日光中，

迷眩了你們的眼目。

自由豈不是你們自身的碎片？

你們可願將它拋棄以換得自由？

假如那是你們所要廢除的一條不公平的法律，

那法律卻是你們用自己的手，

寫在自己的額上。

你們雖燒毀你們的律書，

傾全部的海水沖洗你們法官的額，

也不能把它抹掉。

假如那是個你們所要廢黜的暴君，

先看他建立在你們心中的寶座是否毀損。
因為，一個暴君怎能統制自由和自尊的人？
除非他們的自由是專制的，
他們的自尊可羞。
假如那是一種你們所要拋擲的牽掛，
那牽掛是你自取，
不是別人勉強給你。
假如那是一種你們所要消滅的恐懼，
那恐懼的座位就在你心中，
而不在你所恐懼的人手裡。

真的，一切在你裡面運行的事物，
願望與恐懼、憎惡與愛憐、追求與退避，
都永恆地擁抱著。
這些事物在你裡面運行，
如同光明與黑影成對膠黏。
當黑影消滅，
遺留的光明又變成另一種光明的黑影。
這樣，當你們的自由脫去它的鐐銬之際，
它本身又已變成更大的自由之鐐銬。

關於・理性與熱情

那女祭司又說：

請跟我們講述「理性與熱情」吧！

他回答──

你們的心靈經常成為戰場。

在戰場，你們的理性與判斷和你們的熱情與欲望開戰。

我恨不能在你們的心靈中做個調停者，

使我可以讓你們心中的分子從競爭與糾結，

變成和諧一致。

但除了你們自己也做個調停者，

做你們心中各分子的愛之使者，

我又能做什麼？

你們的理性與熱情，

是你們航行之魂的舵與帆。

假如你們的帆或舵已經損壞，

你們只能泛蕩、飄流，

或是在海中停住。
因為理性獨自治理，
是一束禁錮的權力，
熱情若不小心，
是一道自焚的火焰。
因此，讓你們的心靈把理性升騰到熱情的最高點，
讓它歌唱；
也讓心靈用理性引導你們的熱情，
讓它在每日的復活中生養，
如同鳳凰在牠自己的灰燼中飛升。
我願你們把判斷和欲望，
當作你們家中的兩位佳賓。
你們自然不能偏愛任何一方；因為若偏愛某一方，
必會失去雙方的友愛與忠誠。

在群山之中，
當你坐在白楊的涼蔭下，
享受那田野與草地的寧靜與和平——
你應當讓你的心在沉靜中說：
「上帝安息在理性之內。」
當颶風捲來，狂風震撼林木，
雷電宣告穹蒼的威嚴——
你應當讓你的心在敬畏中說：

「上帝運行於熱情之中。」
只因你們是神的領域中一個生命之氣息，
是神的叢林中之一葉，
你們也要同他一起安息在理性之內，
運行於熱情之中。

關於・痛苦

一個婦人說：
請跟我們談談「痛苦」吧！

他回答──
你的痛苦，就是你突破那封閉你靈性的殼。
就好像果核破碎了，
才能使果仁暴露於陽光中，
所以，你們也必須體會痛苦。
倘若你能使你的心時常讚嘆日常生活的神妙，
你苦痛的神妙必不減於你的歡樂。
你要承受你心內的季節，
如同你常常承受掠過田野的四季；
你要靜守，度過你心裡哀淒的冬日。

許多痛苦是你自己找來。
那是你內心的醫生，
醫治你心病的苦藥。

所以你要信賴這醫生，

靜默安寧地服下他的處方。

因為他的手腕雖重而辣，

卻是由冥冥中那溫柔的手指導；

他帶來的藥杯，

雖會焚灼你的嘴唇，

那陶土卻是陶工用他自己神聖的淚水塑雕而成。

關於・自知

一個男人說：
請跟我們談談「自知」吧！

他回答——
在寧靜中，你的心知道了白天和黑夜的奧祕，
但你的耳朵渴求聽到你心中知識的聲音。
你想藉著語言了解你在思想上所領悟的事，
你要用手指去撫觸你赤裸的夢魂。

你要這樣做確是應該。
你的心靈中隱祕的湧泉必須升溢，
吟唱著奔向大海；
你無窮深處的寶藏，
必須在你眼前呈現。
但不要用秤衡量你未知的珍寶，
也不要用標竿和測錘探測你知識的淺深。
因為自我乃是一片無邊無際的海洋。

不要說：「我找到了真理。」
不如說：「我找到了一條真理。」
不要說：「我找到了靈魂的道路。」
不如說：「我遇見了靈魂在我的道路上行走。」
因為靈魂在一切的道路上行走。
靈魂不只在一條道路上行走，
也不是如同蘆草似地生長。
靈魂就像一朵千瓣的蓮花，
會自己開放。

關於・教育

一位教師說：

請跟我們講述「教育」吧！

他回答——

除了那已經半睡著，

躺臥在你知識的晨曦中之物，

沒有人能向你啟示什麼。

那在殿宇的陰影裡，

在弟子群中散步的教師，

他不是在傳授他的智慧，

而是在傳授他的忠信與仁慈。

假如他真是大智，

他就不會命令你進入他的智慧之堂，

卻要引導你走到你自己心靈的門口。

天文家能向你講述他對太空的了解，

卻不能把他的了解給你。

音樂家能向你唱出那充滿宇宙的韻調，

卻不能給你那聆受韻調的耳朵和發出韻調的聲音。

精通數學的人能說出度量衡的方位，

卻不能引導你往那個方位而去。

因為一個人的見解不能成為他人的羽翼，

借予他人。

正如上帝對你們每個人的了解都不相同，

所以，你們對上帝和大地的見解也必然有所差異。

關於・友誼

一個青年說：
請跟我們談談「友誼」吧！

他回答——
你的朋友是來回應你的需求。
他是你用愛播種，用感謝收穫的田地。
他是你的飲食，也是你的火爐。
因為你飢渴地奔向他，向他尋求安寧。

當你的朋友向你傾吐心事，
你不要怕說出心中的「不」，
也不要瞞住你心中的「是」。
他若靜默，你的心仍要傾聽他的心；
因為在友誼裡，
不用言語，一切思想，
一切願望，一切希冀，
都在無聲的歡樂中發生而共享。

當你與朋友別離，不要憂傷；

因為你感到他最可愛之處，

當他不在時愈見清晰，

正如登山者從平原上仰望山峰，也加倍分明。

除了尋求心靈的加深之外，友誼沒有其它目的。

因為那只尋求著要洩露自身的神祕之愛不算是愛，

只算是一張撒下的網，網住一些無益的東西。

把你最美好的事物都給予你的朋友。

假如他必須知道你潮水的退落，

也應讓他知道你潮水的高漲。

倘若你找他只為消磨光陰，

那他可還能算是你的朋友？

你要在生長的時間中尋找他。

因為他的時間是要滿足你的需要，

不是填滿你的空虛。

在友誼的溫柔中，

要展現歡笑和共同的喜樂。

因為在那微末事物的甘露中，

你的心能找到它的清澈之晨而使精神煥發。

關於・談話

一個學者說：

請講一講「談話」吧！

他回答──

當你不安於你的思想之際，你就說話。

你若不再能安於在你心的孤寂中生活，

就要生活在你的唇上，

而聲音是一種消遣，一種娛樂。

在你的許多談話裡，思想半受殘害。

思想是空中的鳥，

在語言的籠裡，也許會展翅，

卻不會飛翔。

你們中間有許多人因為怕寂寞，

就去找多話的人。

在獨居的寂寞中，

他們會顯露出赤裸裸的自己。

所以，他們就想逃避。

也有些說話的人，

並不具備知識與思想，

卻要啟示一種他們自己所不明白的真理。

也有些人心內隱存著真理，

卻不用言語表達；

在這些人的胸臆，

心靈居住於自然韻調的寂寞裡。

當你在道旁或市場遇見你的朋友，

讓你的心靈，

運用你的嘴唇，

指引你的舌頭；

讓你聲音裡的聲音，

對他耳朵內的耳朵說話。

因為他的靈魂要記住你心中的真理，

如同酒光被忘卻，

酒杯也不存留，

酒味卻永被懷念。

關於・時間

一個天文學家說：
關於「時間」，怎樣解釋呢？

他回答——
你要測量那不可量、不能量的時間。
你要按照時辰與季侯調節你的舉止，
引導你的精神。
你要把時光當成一條溪水，
坐在岸旁，看它流逝。

但那在你裡面無時間性的我，
卻覺悟到生命的無窮。
也知道昨日只是今日的回憶，
明日只是今日的夢想。
那在你裡面歌唱著、默想著的，
仍住在那混沌初開，
散布群星的太虛之中。

你們中間，誰不感到愛人的能力無盡無窮？

又有誰不感到那愛雖無窮，

卻是在他自身中心繞行，

不是從這愛的思念移到那愛的思念，

也不是從這愛的行為移到那愛的行為？

而且時光豈不是也像愛，

不可分割，沒有罅隙？

但若是在你的思想中，

你定要把時光分成季候，

那就讓每一季將其它季候圍繞。

也讓今日用回憶擁抱著過去，

用希望擁抱著將來。

關於‧善惡

一位城中的長老說：
請跟我們談談「善惡」吧！

他回答——
我能談你們的善性，卻不能談你們的惡性。
因為，什麼是「惡」？
惡只是「善」被他自身的飢渴所困的結果。
的確，在「善」飢餓的時候，
他會向黑洞中覓食；
渴的時候，他也會喝死水。

當你與自己合一，便是「善」。
你若不與自己合一，卻也不是「惡」。
因為一個分歧的家，不是賊窩，
只不過是個分歧的家。
一隻船失了舵，或許會在礁島間無目的地飄蕩，
卻不至於沉到海底。

你努力要犧牲自己的時候便是「善」。
你若謀算私利，
卻也不是「惡」。
因為，如果你無法為己謀求私利，
你不過是土裡的樹根，
在大地的胸懷中啜吸。
果實自然不能對樹根說：
「你要像我，豐滿成熟，
永遠貢獻出你最豐滿的一部分。」
因為，在果實，貢獻乃份所應然，
正如吸收是樹根所必需。

當你在言談中完全清醒，
你是「善」。
你若在睡夢中，
舌頭無意識地擺動，
卻也不是「惡」。
連那失誤的言語，
有時也能激動柔弱的舌頭。

當你勇敢地走向目標，你是「善」。
你顛簸而行，卻也不是「惡」。
連那些跛者，也不會倒著走路。

但你們這些勇健而迅速的人，
要警醒，不要在跛者面前顛簸，
還自以為仁慈。

在無數的事物上，你是「善」。
你不善的時候，卻也不是「惡」。
你只是拖延和偷懶罷了。
可惜那麋鹿不能教龜鱉快跑。

當你冀求你的「大我」，
便隱存著你的善性；
這種冀求是你們每個人心中都存有。
但是，對於有些人，
這種冀求是奔越大海的急湍，
挾帶著山野的神祕與林木的謳歌。
在其他人，是於轉彎曲折中迷途的緩流之溪水，
於歸向大海的路上滯留。
但是，不要讓那些冀求深的人對冀求淺的人說：
「你為什麼這般遲鈍？」
因為那真善的人不問赤裸裸的人：
「你的衣服在哪裡？」
也不問那無家的人：
「你的房子怎樣了？」

關於・祈禱

一個女祭司說：
請跟我們談談「祈禱」吧！

他回答──
你們總在悲痛或需要的時候祈禱。
我願你們也在愉悅的歡樂中和豐富的日子裡祈禱。

因為祈禱不就是你們的自我，
在活躍之太虛中的開展嗎？
假若向太虛傾吐出你們心中的黑夜是個安慰，
那麼傾吐出你們心中的黎明也是個歡愉。
假若在你的靈魂命令你祈禱的時候，
你只會哭泣，
她會從你的哭泣中反覆地鼓勵你，
直到你歡笑為止。
在你祈禱的時候，
你會超凡飛升，

於空中你遇到了那些和你在同一時辰祈禱的人，

除了祈禱的時辰之外，

你不會遇到的人。

那麼，

讓你那對無形之殿宇的朝拜成為歡樂和甜美的聚會吧！

因為你若進入殿宇，

除了請求之外，

沒有別的目的，

你將不被接受。

假如你進入殿宇，

只為卑屈自己，

你也不會被抬舉。

甚至於你進入殿宇，

只為他人求福，

你也不會被嘉許。

只要你進到那無形的殿宇，

這就夠了。

我不能教給你們怎樣用言語祈禱。

除了祂藉著你的嘴唇所說的之外，

上帝不會垂聽你的言語。

我也不能傳授給你那大海、叢林和群山的祈禱。

但是，你們這些生長於群山、叢林和大海之中的人，

能在你們心中找到祈禱辭。

假如你在夜的靜默中傾聽，

你會聽見它們在寂靜中說：

「我們的上帝呀，

祢的意志就是我們的意志；

祢的願望就是我們的願望。

祢的神力將祢賜給我們的黑夜轉為白日。

我們不能向神祈求什麼，

因為在我們動念之前，

祢已知道我們的需要。

祢就是我們的需要。

祢將自己愈多地賜予我們，

也就是把一切都賜予我們了。」

關於・歡樂

有個每年進城一次的隱士走上前說：
跟我們談談「歡樂」吧！

他回答──
歡樂是一支自由的歌，
卻不是自由。
是你的願望開出的花朵，
卻不是結下的果實。
是從深處到高處的招呼，
卻不是深，也不是高。
是關閉在籠中的翅翼，
卻不是被圍繞住的空間。
噫！實在說，歡樂只是一支自由的歌。
我願你們全心全意地歌唱，
卻不願你們在歌唱中迷失。

你們中間有些年輕朋友，

尋求歡樂，似乎這便是世上的一切。

他們已被裁判、被譴責了。

我不要裁判、譴責他們，

我要他們去尋求。

因為他們必會找到歡樂，

但不止找到她一個；

她有七個姊妹，

最小的比歡樂還嬌媚。

你們難道未聽過有人因為要挖掘樹根卻發現了寶藏嗎？

你們中間有些老人，

想起歡樂總帶些懊悔，

如同想起酒醉中所犯的錯。

然而，懊悔只是心靈的蒙蔽，

而不是心靈的懲罰。

他們想起逸樂時應當帶著謝意，

如同秋收對於夏季的感激。

但是，假如懊悔能給予他們安慰，

就讓他們得到安慰吧！

你們中間有的既不是正在尋求的青年，

也不是追憶中的老人；

他們畏懼尋求與追憶，

他們遠離一切歡樂，

深恐疏遠或觸犯了心靈。

然而，他們的放棄就是歡樂。

這樣，他們雖用震顫的手挖掘樹根，

他們也找到了寶藏。

告訴我，誰能觸犯心靈？

夜鶯能觸犯靜默嗎？

螢火蟲能觸犯星辰嗎？

你們的火焰和煙嵐能使風感到負載嗎？

你們認為心靈是一池止水，

你們是否能用竿子去撩撥它？

常常在你拒絕歡樂的時候，

你只是把慾望藏在你心身的隱處。

誰知道，今日似乎避免了的事，

到明日不會再浮現？

連你的身體都知道他的遺傳和正當的需要，

不肯被欺騙。

你的身體是你靈魂的琴，

無論它發出甜柔的音樂或嘈雜的聲響，

那都屬你所有。

現在你們在心中自問：

「我們如何辨別歡樂中的善與不善？」
到你的田野和花園裡去，
你就知道從花中採蜜是蜜蜂的歡樂；
但是，將蜜汁送給蜜蜂，
也是花的歡樂。
因為對於蜜蜂，
花是牠生命的泉源，
對於花，蜜蜂是傳達愛的使者，
對於蜜蜂和花朵，給予和接受，
是一種需要，也是一種歡樂。

阿法利斯的民眾呵！
在歡樂中，
你們應當像花朵與蜜蜂。

關於・美

一個詩人說：
請跟我們談談「美」吧！

他回答——
你們到處追求美。但除了她自己做了你的道路，
引導著你之外，
你又如何能找到她？
除了她做了你的言語的編造者之外，
你又如何能談論她？

失望、受傷的人說：「美是仁慈，
是柔和！如同一位年輕的母親，
於她自己的光榮中半含著羞澀，
在我們中間行走。」
熱情的人說：
「不！美是一種全能而可畏的東西。
她就像暴風似的，

撼搖了蒼天與大地。」

疲憊、憂苦的人說：
「美是溫柔的微語，
在我們心靈中說話。
她的聲音傳入我們的寂靜，
如微量的光在陰影的恐懼中顫動。」
煩躁的人卻說：
「我們聽見她在萬山中叫號。
與她的呼聲俱來的，
有獸蹄之聲、振翼之音，
與獅子之吼。」

在夜裡守城的人說：
「美要與旭日從東方一同升起。」
日中之際，工人和旅客說：
「我們曾看到她憑倚在落日的窗戶上俯視大地。」
冬日，被雪困住的人說：
「她會與春天一同來臨，
跳躍於山峰之上。」
在夏日的炎熱中，收割者說：
「我們會看見她和秋葉一同跳舞，
也看見她的髮中有一堆白雪。」

這些都是他們關於「美」的談論。
實際上，你不是談她，
只是談著你那未曾滿足的需要。
美不是一種需要，
她是一種歡樂。
她不是乾渴的口，
也不是伸出的空虛之手，
卻是燃燒的心、陶醉的靈魂。
她不是你能看到的形象，
能聽到的歌聲，
卻是你雖閉目時也能看見的形象，
掩耳時也能聽見的歌聲。
她不是犁痕下樹皮中的液汁，
也不是在獸爪間垂死的禽鳥，
卻是一座永遠開花的園囿，
一群永遠飛翔的天使。

阿法利斯的民眾呵！
在生命揭露聖潔之面容時，
美就是生命；
而你就是生命，也是面紗。
美是永生攬鏡自照；
而你就是永生，也是鏡子。

關於・宗教

一個老教士說：
請跟我們談談「宗教」吧！

他回答——
這一天中，我曾談過別的嗎？
宗教豈不是一切的功德，
一切的反省？
那不是功德，也不是反省，
只是在鑿石或織布時靈魂中永遠湧溢的一聲嘆異，
一陣驚訝嗎？
誰能把他的信心和行為分開，
把他的信仰和事業隔離？
誰能把時間展現在眼前，說：
「這時間是為上帝，那時間是為我自己；
這時間是為我的靈魂，那時間是為我的肉體」呢？
你的一切光陰，
都是那飛翔在我與自我之間的羽翼。

那披著道德如同穿上他最美之外衣的人，

還不如赤裸的好，

太陽和風不會使他的肌膚受傷。

以道德評斷行為的人，

就是把善鳴之鳥囚在籠裡。

最自由的歌聲，

不是從竹木弦線上發出。

那以禮拜為窗戶的人，

開啟而又關上，

他還沒有探訪到他的心靈之家，

因那裡的窗戶天天開啟。

你的日常生活就是你的殿宇，

你的宗教。

何時你進去，

把你的一切都帶去。

帶著犁耙和熔爐、木槌和琵琶，

這些都是你為了需要和怡情所製造的東西。

因為在夢幻中，

你不能超升到比你的成就還高，

也不至於墜落到比你的失敗還低。

你也要把一切的人都帶著，

因為在崇拜中，

你不能飛躍得比他們的希望還高，
也不能卑屈得比他們的失望還低。

你若要認識上帝，
就不要去做一個解謎的人。
不如舉目四望，
你將看見他正同你的孩子們嬉戲。
也觀望蒼穹，
你將看見祂在雲中行走，
在電中伸臂，
在雨中降臨。
你將看見祂在花中微笑，
在樹中舉手揮動。

關於・死亡

隨後，艾蜜特拉再度開口：
現在我們想聽聽「死亡」之謎。

他回答——
你想了解死亡的奧祕。
但是，除了在生命的心中尋找以外，
你們怎能尋見？
那在夜中張目的貓頭鷹，
牠的眼睛在白晝是盲目的，
不能揭露光明的神祕。
你若真要瞻望死亡的靈魂，
應當對活的肉體大大開展你的心。
因為生和死本屬一體，
如同江河與海洋也屬同一。
在你的希望和慾望的深處，
隱藏著你對來生的領悟；
如同種子在雪下夢想，

你們的心也在夢想著春天。

信賴一切夢境吧！因為那裡面隱藏著永生之門。

你們對死亡的恐懼，

就像一個牧人，

當他站在國王的座前，

被御手恩撫時的戰慄。

在戰慄之下，

牧人豈不因他身上已有國王的手觸而喜悅？

可是，他豈不更注意到他自己的戰慄？

除了在風中裸立，在日下消融，

死亡還能是什麼？

除了把呼吸從不停的潮汐中解放，

使之上升，擴大，

無礙地尋求上帝，

「死亡」又能是什麼？

只在你們從沉默之河中啜飲時，

你們才真正能夠歌唱。

只在你們到達山巔時，

你們才能開始攀登。

只在大地索取你們的四肢時，

你們才能真正舞動。

拔錨起航

現在已是黃昏。

於是那女預言者艾蜜特拉說：

願這一日，這地方，

和你曾說話的心靈都受到祝福。

他回答：說那話的是我嗎？

我豈非也是一個聽者？

他走下殿階，

所有的人都跟著他。

他上了船，站在甲板上。

面對著大眾，他提高了聲音——

阿法利斯的民眾啊！

風命令我離開你們了。

我雖不像風那樣迅急，

也必須離去了。

我們這些飄泊者，

永遠尋求更寂寞的道路；

我們不在安歇的時地起程，
朝陽與落日也不會在同一個地方看見我們。
大地沉睡之時，
我們正朝著前路行進。
我們是那堅牢之植物的種子，
在我們的心成熟豐滿的時候，
就交給大風紛紛吹散。

我在你們中間的日子非常短促，
而我所說的話更短。
但等到我的聲音在你們的耳中模糊，
我的愛在你們的記憶中消失的時候，
我會再度歸來。
我要以更豐滿的心，
更感化心靈的唇說話。
是的，我要隨著潮水歸來。
即使死亡要遮蔽我，
更深的沉默要包圍我，
我仍要尋求你們的了解。
而且我這尋求不會徒勞。
假如我所說的都是真理，
這真理要在清澈的聲音中，
更明白的言語裡顯示出來。

阿法利斯的民眾啊！我將與風同去，

卻不是墜入虛空。

如果今天不是成全了你們的需要和我的愛，

那就讓今天的諾言，

等待來日再完成吧！

人的需要會改變，

但他的愛不會變，

他的「愛必滿足需要」的願望也不會變。

所以你要知道，

我將在更深的沉默中歸來。

那在黎明時飄散的晨霧，

只留下田野間的露珠，

它會上升凝聚於雲中，

再降下成雨。

我就如那晨霧一般。

在寂靜的夜裡，

我曾在你們的街市上行走，

我的心靈曾進入你們的院宅。

你們的心跳曾在我的心中，

你們的呼吸曾在我的臉上，

你們，我都認識。

是的，我熟稔你們的喜樂與哀痛。

在你們的睡眠中，

你們的夢就是我的夢。
常常，我在你們之間，
就像群山之間的湖水。
我映現出你們的高峰與危崖，
以及你們的思想和願望，
那徘徊的雲影。
你們孩子的歡笑，
和你們年輕的心願，
都像溪泉般流到我的寂靜之中。
當它流入我心深處，
這溪泉仍不停地歌唱。

但還有比歡笑更甜美，
比心願更偉大的東西流到；
那是你們心中的無限。
你們在這巨人裡面，
只不過是血脈與筋肉罷了，
在他的吟誦中，
你們的歌只不過是無聲的顫動。
只因為在這巨人裡，
你們才偉大。
在注視他時，
我看到你們、憐愛你們。

因為愛之所及，

哪個不在他那浩瀚的宇宙之內？

有什麼幻像、什麼期望、什麼臆斷能超越於他之上？

在你們本性中的巨人，

如同一株高大的橡樹披滿了蘋果花。

他的神力把你纏繫在地上，

他的香氣托著你超升高空，

在他的永存之中，

你永不死亡。

你們曾聽說，

像一條鎖鏈，

你們是脆弱之鏈中最脆弱的一環。

但這不完全真實！

你們也是堅固之鏈中最堅固的一環。

用你最小的功業衡量你，

如同用柔弱的泡沫核計大海的威權；

用你的失敗論斷你，

就好像責備四季的變化無常。

是啊！你們像大海。

那重載我的船舶，

停在你的岸邊待潮。

你們雖像大海，

也不能催促潮水。

你們也像四季。

雖然你們在冬天的時候，

否認了你們的春天。

但你們的春天正和你們一同靜息，

它在睡中微笑，並不怨嗔。

莫以為我說這話是要使你們彼此說：

「他誇獎得好！他只看見我們的優點。」

我不過用語言說出你們意念中所知的事。

什麼是語言的知識？

只是無言的知識所投下的影子嗎？

你們的意念和我的語言，

都是從封閉中記憶裡來的波浪，

這記憶保存著我們的昨日，

也保存大地還不認識我們也不認識他自己，

正在混沌中之白日和黑夜的記錄。

哲人曾來過，

將他們的智慧賜予你們。

我來卻是要吸收你們的智慧。

要知道，我找到了比智慧更偉大的東西。

那就是你們燃燒的心靈，

永遠愈燒愈旺。
你卻不關心它的發展，
只哀悼你歲月的凋殘。
在血肉之軀中求生存的生命，
才會害怕墳墓。

這裡沒有墳墓。
這些山嶺和平原只是搖籃和墊腳石。
無論何時你從祖宗的墳墓上走過，
你若留意，就會看見你們自己和子女在那裡攜手共舞。
真的，你們常在不知不覺中作樂。

別人曾來到這裡，
為了他們在你們信仰上許下黃金般的諾言；
你們所回報的只是財富、權力與光榮。
我所給予的還不及諾言，
而你們待我更慷慨。
因為你們將生命中更深的渴求給予了我。
真的，給予人最大的禮物，
莫過於把他一切的目的化為乾渴的唇，
把所有的生命化為泉源。
這便是我的榮譽和報酬——
當我到泉邊飲水，

我覺得那流水也在渴著；
我飲水的時候，水也飲我。

你們有些人認為我太驕傲又太怕羞，
不肯接受禮物。
是的，我是太驕傲，
不肯接受報酬，
但並非不肯接受禮物。
雖然你們請我坐到你們的餐桌上時，
我曾在山中採食野果。
在你們款留我的時候，
我卻在廟宇的廊下睡眠。
但豈不是你們對我的日夜關懷，
使我的飲食有味，
睡夢甜美？

為此我正要祝福你們：
「你們給予了許多，卻不知道你們已經給予。
的確，善心向鏡中凝視自己時，
變成了石像；
善行給自己冠上美名時，
變成了咒詛的根源。」

你們之中有人說我孤高，

陶醉於我自己的孤獨。

因為你們曾說：

「他和山林談論，卻不和人說話。

他獨自坐在山巔，俯視我們的城市。」

我確曾攀登高山，孤行遠地。

但除了在更高更遠之處，

我又怎能看見你們？

若不是在遠處，

人又怎能體會到親近？

還有人在無言中對我呼喚：

「異鄉人，異鄉人！

愛那高不可及之高處的人！

為什麼你住在那鷹鳩築巢的山峰上？

為什麼你要追求那不能達到的事物？

在你的窩巢中，

你要網羅怎樣的風雨，

捕取天空中哪一種虛幻的飛鳥？

加入我們吧！

你下來，用我們的麵包充飢，

用我們的醇酒解渴吧！」

在他們靈魂的靜默中，

他們說了這些話。
但他們若再靜默些，
就會知道我所要網羅的，
只是你們的歡樂和哀痛的奧祕。
我所要摘取的，
只是你們在空中飛行的大我。

但是，獵人者也曾是被獵之物；
因為從我弓上射出的箭兒，
有許多只是瞄向我自己的心胸。
並且那飛翔者也曾是爬行者；
因為我的翅翼在太陽下展開時，
那地上的影兒是一隻龜鱉。
我是信仰者，也曾是個懷疑者；
因為我常常用手指撫觸自己的傷痕，
使我對你們有了更大的信仰和認識。
憑著這信仰和認識，
我說：你們不是幽閉在軀殼之內，
也不是禁錮在房舍與田野之中。
你們的真我就住在雲間，
與風同遊。
你們不是在陽光中匍匐取暖，
在黑暗中鑽穴求安的一隻動物，

而是一種自由的事物，
一個涵容大地，
在蒼穹中運行的魂靈。

如果這是模糊的言語，
就不必尋求把這些話弄個分明。
模糊和混沌是萬物之始，卻不是終結。
我願你們把我當作開始。
生命，和一切活的東西，
都隱藏在煙霧中，不在水晶之內。
誰知道，也許水晶就是凝固的雲霧？

在憶念我的時候，我願你們記住：
你們心中最軟弱、最迷亂的，
就是那最堅決、最剛強的。
不是你的呼吸使你的骨骼堅立、堅強嗎？
不是一個你覺得從未做過的夢，
建造了你的城市，
形成城市的一切嗎？
你如能看見你呼吸的潮汐，
就看不見別的一切；
你如能聽見那夢想的微語，
就聽不見別的聲音。

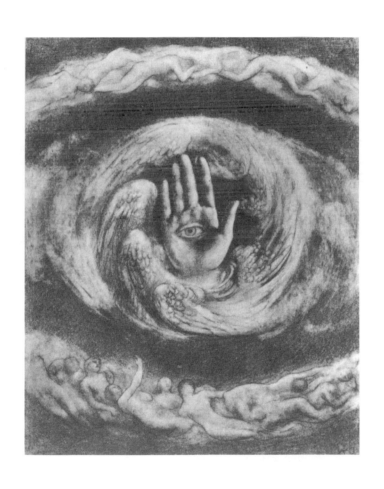

你看不見，也聽不見，這很好。

那蒙在你眼上的輕紗，

也要被織就面紗的手揭去；

那塞在你耳中的泥土，

也要被捏揉泥土的手戳穿。

你將要看見；你將要聽見。

你也不為曾經聾瞶而悲悔。

因為到那時侯，

你將了解萬物隱藏的目的，

你要祝福黑暗，

如同祝福光明一樣。

他說完這些話，望著四周。

他看見他船上的舵手憑舵而立，

凝視著那漲滿的風帆，

又望著無際的天末。

他說：耐心，真有耐心啊！

我的船長。大風吹襲，帆篷也煩躁了；

連船舵也想要起程；

我的船長卻靜候著我說完話。

我的水手們，

曾聽見那更偉大的海嘯，

他們也耐心地聽著我。

現在他們不需再等待了。

我已預備好。

山泉已流入大海，

那偉大的母親又把她的兒子抱到胸前。

別了，阿法利斯的民眾啊！

這一天結束了。

它在我們心上閉合，

如同一朵蓮花在她自己的明日上合攏。

在這裡所受的贈予，

我們要保藏起來。

若這還不夠，

我們還必須重聚，

齊向那施與者伸出我們的手。

不要忘了，我還要回到你們這裡。

很快地，我的願望又要聚攏泥土，

形成另一個軀殼。

很快地，在風中休息片刻，

另一個婦人又要孕懷著我。

我向你們，和我曾在你們當中度過的青春告別了。

我們曾在夢中相見，彷若昨日之事；

在我的孤寂中，你們曾對我歌唱；

為了你們的渴望，

我曾在空中建立了一座高塔。

但現在我們的睡眠已經逃逸，

我們的夢已成為過去，

不再是黎明時分了；

正午來臨之際，

我們的半睡已經全醒，

我們必須分離了。

如果在記憶的朦朧中，

我們再次會見，

重又一起談論，

你們也要對我唱更深奧的歌曲。

在另一個夢中，

我們要再次握手，

在空中再建一座高塔。

說著話，他向水手們揮手作勢。

他們立刻拔起錨，

放開船，向東駛行。

從人們口裡發出同心的悲號，

在塵沙中飛揚，

在海面上奔馳，

如同號角的嘹亮音響。

只有艾蜜特拉靜默著，

凝望遠處，

直至那艘船漸漸消失在煙霧之中。

大家都散去了，

她仍獨自站在海岸上，

在她的心中憶念著他所說的……

「很快地，在風中休息片刻，

另一個婦人又要孕懷著我。」

〈先知　終〉

沙與泡沫

1

我永遠在海岸行走，
在沙和泡沫中間。
高高的浪潮會抹去我的腳印，
微風也會把泡沫吹走。
但是，海洋和沙岸將永遠存在。

2

我曾抓起一把煙霧。
然後伸掌一看，
煙霧變成一隻蟲子。
我把手握住再伸開，
手裡卻是一隻小鳥。
我再把手握住又伸開，
在掌心裡站著一個容顏憂鬱，
向天仰望的人。
我又把手握住，當我伸掌，
除了煙霧以外，一無所有。
但是，我聽到一支極其甜美柔和的歌。

3

僅僅在昨天，我認為自己只是一個碎片，

毫無韻律地在生命的穹蒼中顫抖。

現在我曉得，我就是那穹蒼，

一切生命都是在我裡面有節奏地轉動之碎片。

4

他們在覺醒的時候對我說：

「你和你所居住的世界，

只不過是無邊的海洋、無邊之岸上的一粒沙子。」

在夢裡我對他們說：

「我就是那無邊的海洋，

大千世界只不過是我岸上的沙粒。」

5

只有一次，我無言以對。

那時，有個人問我：「你是誰？」

6

想到神，第一個念頭是一個天使。

說到神，第一個字眼是一個凡人。

7

我們是千萬年前海洋的翱翔者、流浪者，

以及熱烈追求生命的靈魂。

森林裡的微風把語言給了我們，
那麼，我們怎能以昨天的聲音，
詮釋我們心中的遠古年代？

8

斯芬克斯只說過一次話。
他說：「一粒沙子就是一片沙漠，
一片沙漠就是一粒沙子。
現在，讓我們再次沉默下去吧！」
我聽到了斯芬克斯的話，但我不懂。

9

我看到一個女人的臉，
就看到她所有還未生出的兒女。

10

我想使自己完美滿足起來。
但是，除非我能變成一個上面住著理智生物的星球，
此外還有什麼可能？
這不是每個人的目標嗎？

11

每一粒珍珠是一座圍繞著痛苦的沙子，

所建造起來的廟宇。

什麼東西渴望構築我們的軀體？

縈繞著我們的又是什麼樣的沙？

12

當神把我這塊石子丟入奇妙的湖裡，

我以無數漣漪擾亂了湖面。

但是，當我落到深處，我就變得十分安靜。

13

給我靜默，我將向黑夜挑戰。

14

當我的靈魂和肉體由相愛而結婚，

我就得到了重生。

15

從前我認識一個聽覺極其銳敏的人，但他不能說話。

在一次戰役中，他喪失了舌頭。

現在我知道，在這偉大的沉默來到之前，

這個人打過的是什麼樣的仗。

我為他的死亡而高興。

這世界並沒有大到足以容納我們兩個人。

16

我在埃及的塵土上躺了很久，
沉默著而且忘卻了季節。
然後太陽把生命給了我，
我起來，在尼羅河岸上行走。
和白天一同唱歌，和黑夜一同做夢。
現在太陽又用一千隻腳在我身上踐踏，
讓我再次在埃及的塵土上躺下。
但是，請看一個奇蹟和一個謎吧！
那個把我集聚起來的太陽，不能把我打散。
我依舊挺立，以穩健的步履在泥羅河岸上行走。

17

記憶，是相會的一種形式。

18

遺忘，是解放的一種方式。

19

我們依據無數太陽的運轉測定時間；
他們以他們口袋裡的小小機器測定時間。
那麼請告訴我，

我們怎能在同一的地點和同一的時間相會？

20

對於從銀河的窗口向下看的人，
空間就不是地球與太陽之間的空間了。

21

人性是一條光明之河，
從永恆之外奔向永恆。

22

難道居住在太陽上的精靈，
不妒羨世人的痛苦？

23

在往聖城的路上，
我遇到另一位香客，
我問他：「這條就是到聖城去的路嗎？」
他說：「跟我來吧！再走一天一夜就到達聖城了。」
我就跟隨他。
我們走了幾天幾夜，還沒有走到。
使我驚訝的是，他帶錯了路，
反而對我大發脾氣。

24

神呵！讓我做獅子的獵物，
要不就讓兔子做我的獵物吧！

25

除了通過黑夜的道路，
人不能到達黎明。

26

我的房子對我說：
「不要離開我！因為你的過去住在這裡。」
道路對我說：「跟我來吧！因為我是你的將來。」
我對我的房子和道路說：
「我沒有過去，也沒有將來。
如果我住下來，我的駐留中自會有一條走道；
如果我離去，我的行程中就會有個住所。
只有愛和死才能改變一切。」

27

既然那些睡在絨毛上的人所做的夢，
並不比睡在土地上的人所做的夢更美好，
我又怎能對生命的公平失掉信心？

28

奇怪得很，對某些娛樂的願望，
也屬於我的痛苦的一部分。

29

曾有七次，我鄙視自己的靈魂——
第一次：在她可以上升卻謙讓的時候。
第二次：我看見她在跛子面前跛行的時候。
第三次：讓她選擇難易，而她選了易的時候。
第四次：她做錯事，卻安慰自己——
別人也同樣做錯了。
第五次：她容忍了軟弱，而把她的忍受稱為堅強。
第六次：她輕蔑一張醜惡的容顏，
卻不知道那是她自己的面具之一。
第七次：她唱了一首頌歌，
卻相信那是一種美德。

30

我不知道什麼是絕對的真理。
但我對我的無知很謙虛，
這其中就有我的榮譽和報酬。

31

在人的幻想和成就中間有一段空間，
只能靠他的盼望穿越。

32

天堂就在那邊，在那扇隔壁房間的門後。
但我把鑰匙丟了！
也許，我只是把它放錯了地方。

33

你瞎了眼，而我既聾又啞，
因此，讓我們握起手來互相了解吧！

34

一個人的意義不在於他的成就，
而在於他所企求成就的東西。

35

我們中間，有些人像墨水，有些人像紙張。
若不是因為有些人是黑，有些人就成了啞巴。
若不是因為有些人是白，有些人就成了瞎子。

36

給我一隻耳朵,我將給你聲音。

37

我們的記憶是一塊海綿;我們的心懷是一道河流。
然而我們大多數人都寧願吸收而不肯奔流,
這不是很奇怪嗎?

38

當你盼望著無名的恩賜,
懷抱著無端的煩惱之時,
你就真正和一切生物一同長大,
進入你的大我之中。

39

當一個人沉醉於一個幻象之中,
他就會把這幻象的模糊情味當作真實的酒。

40

你喝酒,為的是求醉;
我喝酒,為的是從別種醉態中清醒過來。

41

當我的酒杯空了的時候，我就讓它空著；
但當它半滿的時候，我卻恨它半滿。

42

一個人的實質，不在於他向你顯露的那一面，
而在於他尚未向你顯露的另一面。
因此，如果你想了解他，
不要去聽他說出的話，
而要去聽他那沒有說出的話。

43

我說的話，有一半沒有意義；
我把它說出來，為的是也許會讓你聽到其它一半。

44

幽默感就是平衡感。

45

當人們誇獎我多言的過失，
責備我沉默的美德之時，
我的寂寞就產生了。

46

生命若找不到一個歌唱家唱出她的心情，
她就育出一個哲學家，說出她的心思。

47

真理是恆久被人認知的。
某些時候，它才被人說出。

48

我們的真實之我是沉默的；
後天之我卻很多嘴。

49

我生命內的聲音達不到你生命內的耳朵。
但是，為了避免寂寞，讓我們交談吧！

50

兩個女人交談的時候，
她們什麼話也沒說；
一個女人自語的時候，
她揭露了生命的一切。

5 1

青蛙也許會叫得比牛更響，
但牠們不能在田裡拉犁，
也不能在酒坊裡推磨，
牠們的皮也做不出鞋來。

5 2

只有啞巴才會妒忌多嘴的人。

5 3

如果冬天說：「春天在我心裡。」誰會相信它呢？

5 4

每一粒種子，都是一個願望。

5 5

如果你真的睜著眼睛看，
你會從每個形象中看到自己的形象。
如果你張開耳朵聽，
你會在一切聲音裡聽到自己的聲音。

56

真理，需要我們兩個人去發現：
一個陳述它，一個了解它。

57

雖然言語的波浪永遠在我們上面喧嘩，
心的深處卻永遠沉默。

58

許多理論都像一扇窗戶，
我們通過它看到真理，
它卻要把我們與真理隔開。

59

讓我們捉迷藏吧！如果你藏在我心裡，
就不難把你找到。
但是，如果你藏到你的殼裡去，
那就任何人也找不到你。

60

一個女人可以用微笑把她的臉蒙起來。

61

對一個悲傷的心靈來說，
能以愉快的心情唱出歡樂之歌，
是多麼高貴呵！

62

想了解女人，或分析天才，
或想解答沉默之奧祕的人，
就是那個想從一個美夢中掙扎醒來，
坐到早餐桌前的人。

63

我願與走路的人一同行走，
不願站著看隊伍經過。

64

對於服侍你的人，你欠他的不只是金子。
把你的心交給他或是服侍他吧！

65

沒有，我們沒有白活。
他們不是把我們的骨頭堆成堡壘了嗎？

66

我們不要挑剔、計較吧！
詩人的心思和蠍子的尾巴，
都是從同一塊土地上升起的。

67

每一條毒龍，都會產生一個屠龍的聖·喬治來。

68

樹木是大地寫在空中的詩篇。
我們把它們砍來造紙，
讓我們可以把我們的空洞記錄下來。

69

如果你要寫作（只有聖人才曉得你為什麼要寫作），
你必須擁有知識、藝術和魔力——
字句之韻律的知識，
不矯揉造作的藝術，
以及使你的讀者熱愛你的魔力。

70

他們把筆蘸在我們心中，就認為他們已經得到靈感。

71

如果一顆樹也寫自傳，它也會像一個民族的歷史。

72

若要我在「寫詩的能力」和
「寫成詩前的歡樂」之間選擇，
我會選擇歡樂。因為歡樂是更好的詩。
但是，你和我所有的鄰居，
都一致說我的選擇不正確。

73

詩不是一種表白出來的意見。
它是從傷口或微笑之唇中湧出的一首歌。

74

言語沒有時間性。
在你說它或寫它的時候，應該懂得它的特點。

75

詩人是一個退位的君王，
坐在他宮殿的柊木林裡，
想把他的想像實現於柊木林之外。

76

詩是歡樂、痛苦和驚奇，
穿插著詞彙的一場匯合。

77

一個詩人若想尋找他心中詩歌的母親，
只能徒勞無功。

78

我曾對一個詩人說：
「不到你死後，我們不會知道你的評價。」
他回答：「是的，死亡永遠是個揭露者。
如果你真想知道我的評價，
那就是我心裡的比舌上的多，
我所盼望的比手裡現有的多。」

79

如果你歌頌美，
即使你是在沙漠的中心，
你也會找到聽眾。

80

詩是迷醉心靈的智慧。

智慧是記憶唱出的詩。

如果我們能夠迷醉人的心靈，

同時也在他的記憶中歌唱，

那麼，他就當真在神的影中生活了。

81

靈感總是歌唱；它從不解釋。

82

我們常為了使自己入睡，

對我們的孩子唱催眠的歌曲。

83

我們的一切字句，

都是從心思的筵席上散落下來的殘屑。

84

思想對於詩，

往往是一塊絆腳石。

85

若能唱出我們的寧靜，
他就是一個偉大的歌唱家。

86

如果你嘴裡塞滿食物，
你怎能歌唱？
如果你手裡握滿金錢，
你怎能舉起祝福之手？

87

他們說夜鶯唱著戀歌時，
把刺扎進自己的胸膛。
我們也都是這樣。不這樣，
我們還能歌唱嗎？

88

天才只不過是晚春時節，
知更鳥所唱的一首歌。

89

連那最高超的心靈，也逃不出物質的需要。

90

瘋人作為一個音樂家，

並不比你我遜色，

不過，他所彈奏的樂器有點失調罷了。

91

在母親心中靜默的詩歌，

將由她孩子的唇間唱出。

92

沒有永不實現的願望。

93

我和另一個我，

從未完全一致。

種種真理似乎橫梗在我們中間。

94

你的另一個你，

總是為你難過。

但是，你的另一個你就在難過中成長；

那一切就都好了。

95

除了在那些靈魂沉睡、軀殼失調的人心中以外，
靈魂和軀殼之間不會有所衝突。

96

當你達到生命的心中，
你將在萬物中，
甚至於在沒有審美能力的人眼裡，找到美。

97

我們活著，只是為了去發現美。
其它一切都是等待的種種形式。

98

撒下一粒種子，大地會給你一朵花；
向天祈願一個夢想，天空會給你一個情人。

99

你生下來的那一天，
魔鬼就死去了。
你不必穿過地獄去會見天使。

100

許多女子借到男子的心；很少女子能佔有它。

101

如果你想佔有，千萬不可要求。

102

當一個男子的手接觸到一個女子的手，
他倆都觸到永恆的心。

103

愛情是情人之間的一層面紗。

104

每個男人都愛著兩個女人：
一個是他想像的作品；
另一個還沒有誕生。

105

不肯原諒女人那細微之過失的男人，
永遠不能享有她們美好的德性。

106

不能日日自新的愛情，

將變成一種習慣，並終於變成奴役。

107

情人只擁抱他們之間的一種東西，

而沒有真正互相擁抱。

108

戀愛和疑忌永不交談。

109

愛情是一個光明的字，

被一隻光明的手寫在一張光明的冊頁上。

110

友誼永遠是一個甜柔的責任，

從來不是一種機會。

111

如果你不在所有情況下了解你的朋友，

就永遠不會了解他。

112

你最華麗的衣袍是別人織造；
你最可口的一餐是在別人的桌上吃到；
你最舒適的床鋪就鋪在別人的房子裡。
那麼請告訴我，
你怎能把自己與別人分開？

113

你的心思和我的心思永遠不會一致，
除非你的心思不再居留於數字中，
而我的心思不再居留於雲霧內。

114

除非我們把語言減少到七個字，
否則我們將永不會互相了解。

115

除非我的心已經碎了，
否則我怎能不將它打開？

116

只有深沉的悲哀和極端的快樂，

才能顯露出你的真實。
如果你願意被顯露出來，
你必須在陽光中裸舞，
或是背起你的十字架。

117

如果自然聽到我們所說的知足之語，
江河就不去尋求大海，
冬天就不會變成春天。
如果她聽到我們所說的一切吝嗇的話，
我們有多少人可以呼吸到空氣？

118

當你背向太陽，
你會只看到自己的陰影。

119

你在白天的太陽前面是自由的，
在黑夜的星辰前面也自由；
在沒有太陽，沒有月亮，
沒有星辰的時候，你也是自由的。
但你是你所愛之人的奴隸，因為你愛他。
你也是愛你之人的奴隸，因為他愛你。

120

我們都是廟門前的乞丐，
當國王進出廟門的時候，
我們每個人都分到恩賞。
但是，我們都互相妒忌。
這是輕視國王的另一種方式。

121

你不能吃得超過你的食欲。
那一半食糧屬於別人，
而且要為不速之客留下一點麵包。

122

如果不是為了待客，
所有的房屋都將成為墳墓。

123

和善的狼對純樸的羊說：「你不光臨寒舍嗎？」
羊回答：「如果貴府不是在你肚子裡的話……」

124

我把客人攔在門口，說：

「不必了！出門的時候再擦嘴吧！
進門的時候是不必擦的。」

125

慷慨，不是把我比你更需要的東西給我，
而是把你比我更需要的東西也給了我。

126

當你施與的時候，
你當然是慈善的。
但在施與的時候，
要把臉轉過一邊，
這樣就可以不看那受施者的羞赧。

127

最窮之人與最富之人的差別，
只在於一整天的飢餓和一個鐘頭的乾渴。

128

我們常常透支明天，
以償付我們昨天的負擔。

129

我也曾受過天使和魔鬼的造訪，

但是，我都把他們支走了。

當天使來的時候，

我念一段舊的禱文，

他就厭煩了。

當魔鬼來的時候，

我犯一次舊的罪過，

他就從我面前退去。

130

總而言之，這不是一所壞監獄。

我只是不喜歡在我的囚房和隔壁囚房之間的這堵牆。

但我向你保證，

我決不願責備獄吏和建造這監獄的人。

131

你向他們求魚卻給你毒蛇的那些人，

也許他們只有毒蛇可給。

不過，在他們而言，

那算是慷慨的了。

132

欺騙有時成功，
但它往往是通往自殺之捷徑。

133

當你饒恕那些從不流血的凶手，
從不竊盜的小偷，
從不打誑語的說謊者，
你就真是一個寬大的人了。

134

誰能把手指放在善惡分野之處，
誰就能摸到上帝的聖袍邊緣。

135

如果你的心是一座火山，
你怎能指望從你的手中綻開花朵？

136

多麼奇怪的一種自欺的方式！
有時我寧願受到損害和欺騙——
好讓我嘲笑那些以為我不知道我是被損害或被欺騙者的
人。

137

對一個扮演汲汲求利之人的追求者，
我該怎麼說他呢？

138

讓那個把髒手在你的衣服上擦的人把你的衣服拿走吧！
他也許還需要那件衣服，
而你卻一定不會再要它了。

139

兌換銀幣的人不能做一個好園丁，
真是可惜！

140

請你不要以後天的德行粉飾你先天的缺陷。
我寧願身有缺陷，
這些缺陷就如我自己一樣。

141

有多少次，
我把沒有犯過的罪都歸到自己身上，
為的是讓人家在我面前感到舒服。

142

即使是生命的面具，
也都是更深層之奧祕的面具。

143

你可能只根據自己的見解去評判他人。
現在告訴我，我們裡頭誰有罪？誰無辜？

144

真正公正的人就是對你的罪過感到應該分擔的人。

145

只有白痴和天才會去破壞人造的法律，
因為，他們離上帝的心最近。

146

只有在你被追逐的時候，你才會快跑。

147

我沒有仇人，上帝呵！
如果我有仇人，就讓他和我勢均力敵。
那麼，只有真理才是一個戰勝者。

148

一旦你和敵人都死了，
你就會和他十分友好。

149

一個人或許會為了自衛而自殺。

150

很久以前，有一個「人」因為過於愛別人，
也因為太可愛了，
終被釘在十字架上。
說來奇怪，昨天我碰到他三次。
第一次：他懇求一個警察不要把一個妓女關入監牢；
第二次：他和一個無賴一塊喝酒；
第三次：他在教堂裡和一個法官打架。

151

如果他們所談的善惡都正確，
那我的一生只是一個長時間的犯罪。

152

憐憫，只是半個公正。

153

過去唯一對我不公平的人，

就是那個我曾經對他的兄弟不公平的人。

154

當你看見一個人被帶進監獄，

在你心中默默地說：

「也許他是從更狹小的監獄裡逃出來的。」

當你看見一個人喝醉了，

在你心中默默地說：

「也許他想躲避某些更不美好的事物。」

155

在自衛中我常常憎恨。如果我是比較強壯的人，

我就不必使用這樣的武器。

156

用唇上的微笑遮掩眼中之憎恨的人是多麼愚蠢呵！

157

只有在我之下的人，

才會妒忌或憎恨我。

我從來沒有被妒忌或被憎恨過；
我不在任何人之上。
只有在我之上的人，
才會稱讚或輕蔑我。
我從來沒有被稱讚或被輕蔑過；
我不在任何人之下。

158

你對我說：「我不了解你！」
這就是過分讚揚了我，
無故地侮辱了你自己。

159

當生命給我金子而我給你銀子的時候，
我還自以為慷慨，
這是多麼卑鄙呵！

160

當你達到生命之心，
你會發現你不高過罪人，
也不低於先知。

161

奇怪的是，
你竟可憐那腳程慢的人，
而不可憐那心思慢的人；
同情那盲於目的人，
而不可憐那盲於心的人。

162

不在敵人的頭上敲斷自己的拐杖，
對跛子而言是明智的。

163

那個認為從他的口袋中拿給你，
可以從你心裡取回的人，
是多麼糊塗呵！

164

生命是一支隊伍。
遲慢的人發現隊伍走得太快了，
他就走出隊伍；
快步的人也發現隊伍走得太慢了，
於是他也走出隊伍。

165

如果世上真有罪孽這件東西，
我們有的人是跟著我們祖先的步履造孽，
有的人是牽引著我們的兒女，
提前造孽。

166

真正的好人，
是那個和所有人都認為是壞人之人在一起的人。

167

我們都是囚犯，不過，
有的關在有窗的牢房裡，
有的關在無窗的牢房裡。

168

奇怪的是，當我們為錯誤辯護之際，
用的氣力比我們捍衛正確時還大。

169

如果我們互相供認彼此的罪過，
我們就會為大家並無創新而互相嘲笑。

如果我們都公開了我們的美德，
我們也將為大家了無創新而大笑。

170

個人的地位在人造的法律之上，
直到他抵觸了人為的習俗而犯了罪。
在此以後，他就不在任何人之上，
也不在任何人之下。

171

政府是你和我之間的協定。
而你和我常常是錯誤的。

172

罪惡是需要的別名，
或是疾病的一種。

173

還有比意識到別人的過失還大的過失嗎？

174

如果別人嘲笑你，你可以憐憫他；
但如果你嘲笑他，你決不可自恕。

如果別人傷害你，你可以忘掉它；
但如果你傷害他，你須永遠記住。
實際上，
別人就是最敏感的你附著在另一個軀殼上罷了。

175

你要世人用你的翅翼飛翔，
而你卻連一根羽毛也拿不出，
你是多麼輕率呵！

176

從前有個人坐在我的餐桌上，
吃我的飯，喝我的酒，
走的時候還嘲笑我。
以後他再來要吃要喝，我不理他。
於是，天使就嘲笑我。

177

憎恨是一件死東西，
你們有誰願意當一座墳墓？

178

被殺者的光榮，就在於他自己不是凶手。

179

人性的講台恆常存在於靜謐的心，
非存在於叨絮的腦。

180

他們認為我瘋了，
因為我不肯拿我的光陰去換取金錢；
我認為他們瘋了，
因為他們以為我的光陰可以估價。

181

他們把最昂貴的金子、銀子、
象牙和黑檀排列在我們面前，
我們把心胸和氣魄排列在他們面前；
而他們卻自稱為主人，
把我們當作客人。

182

我寧可做人類中，
有夢想和有完成夢想之企圖的渺小人物，
而不願做一個最偉大，
卻沒有夢想、沒有企圖的人。

183

最可憐的人，
是把他的夢想變成金銀財寶的人。

184

我們都在攀登自己心願的高峰。
如果另一個登山者偷了你的糧袋和錢包，
而把他自己的糧袋裝滿，
錢包也加重了，
你應當可憐他；
這攀登者將為他的肉體增加困難，
這負擔將加長他的路程。
如果在你消瘦的情況下，
看到他的肉體膨脹著往上爬，
幫他一把；這樣做會增加你的速度。

185

你不能超越你的理解去判斷一個人。
而你的理解是多麼淺薄呵！

186

我決不去聽一個征服者對被征服之人的說教。

187

真正自由的人，
是忍耐地背起奴隸之重擔的人。

188

千年以前，
我的鄰人對我說：「我恨生命，
因為它只是一件痛苦的東西。」
昨天我走過一座墳園，
我看見生命在他的墳上跳舞。

189

自然界的競爭，
不過是混亂渴望著秩序。

190

孤獨，是吹落我們枯枝的一陣無聲的風暴！
但是，
它把我們活生生的根芽更深地送進蓬勃大地的心中。

191

我曾經對小溪談到大海，

小溪認為我只是一個幻想的誇張者；
我也曾對大海談過小溪，
大海認為我只是一個輕忽的誹謗者。

192

把螞蟻的忙碌捧得高於蚱蜢的歌唱，
這眼光是多麼狹窄呵！

193

這個世界裡的最高德行，
在另一個世界也許反倒最低。

194

深度和高度僅是能在直線上走到的深和高；
只有廣度才能在其圓周裡運行。

195

如果不是因為我們有了重量和長度的觀念，
我們站在螢光之前，
也會同在太陽面前一樣敬畏。

196

一個沒有想像力的科學家，

好像一個拿著鈍刀和舊秤的屠夫。

但既然我們不全是素食者，

那又該怎麼辦呢？

197

當你歌唱的時候，

飢餓的人就用他的肚子聽。

198

對死亡而言，

老人和嬰兒的距離並沒有差別。

生命也是如此。

199

假如你必須直率地說話，

就直率得漂亮些。

要不就沉默下來！因為我們鄰近有個人快死了。

200

人間的葬禮，

可能是天上的婚筵。

201

一個被忘卻的真實可能死去，
而在它的遺囑裡留下七千條實情實事，
作為料理喪事和建造墳墓之用。

202

實際上我們只對自己說話。不過，
有時我們得說大聲一點，
使別人也能聽見。

203

顯而易見的東西是——
在被人簡單地表現出來之前，
它從不被人看到。

204

假如銀河不在我的心中，
我怎能看到它或了解它呢？

205

除非我是天文學家中的一個，
否則，他們絕不會相信我是個善觀星象者。

206

也許大海給貝殼下的定義是——「珍珠」。
也許時間給煤炭下的定義是——「鑽石」。

207

名譽是熱情站在陽光中的影子。

208

根，乃是鄙棄虛名的花朵。

209

在美之外，沒有宗教，也沒有科學。

210

我所認得的大人物，
其性格中都有些渺小的東西；
就是這些渺小的東西，
阻止了懶惰、瘋狂或者自殺。

211

真正偉大的人，不壓制人，也不受人壓制。

212

我決不因那個人殺了罪人或先知，
就相信他是中庸的。

213

容忍為了傲慢，
害著相思病而憔悴。

214

蟲子會彎曲。但即使大象也會讓步，
不是很奇怪嗎？

215

一場爭論，
可能是兩個心思之間的捷徑。

216

我是烈火，也是枯枝，
一部分的我，消耗了另一部分的我。

217

我們都在尋找聖山的頂峰！

假如我們把過去當作一張圖表，

而不視為一個嚮導，

我們的路程不是可以縮短嗎？

218

當智慧驕傲到不肯哭泣，

莊嚴到不肯歡笑，

自滿到不肯看人，

就不成為智慧了。

219

如果我把你所知道的一切，

用來充實自己，

那我哪有餘地容納你所不知道的一切？

220

我從多話的人學到了靜默，

從褊狹的人學到了寬容，

從殘忍的人學到了仁愛……

奇怪的是，我對這些老師並不感激。

221

執拗的人，是一個全聾的演說家。

222

妒忌的沉默，是更大的喧嘩。

223

當你達到你應該了解的終點，
你就處在你應該領悟的起點了。

224

誇張，是喪失個性的真理。

225

假如你只能看到光所顯示的，
只能聽到聲所宣告的，
那麼實際上，你並沒有看到，也沒有聽到。

226

事實，是沒有性別的真理。

227

你不能同時又微笑，又冷酷。

228

離我心最近的是——
一個沒有國土的國王，
和一個不會求乞的窮人。

229

一個羞赧的失敗，
比一個驕傲的成功還要高貴。

230

在任何一塊土地上挖掘，
你都會找到珍寶。
不過，你應該以農民的信心去挖掘。

231

一隻被二十個騎士和二十條獵狗追逐的狐狸說：
「他們當然會打死我！但他們實在很可憐、很笨拙。
假如二十隻狐狸騎著二十匹馬，
帶著二十隻狼，去追打一個人，
那是多麼不值得！」

232

是我們的心屈服於自訂的法律之下，
我們的精神從不屈服。

233

我是一個旅行者，
也是一個航海者，
我每天在我的靈魂中發現一個新的王國。

234

一個女人抗議道：
「那當然是一場正義的戰爭！
我的兒子在這場戰爭中犧牲了。」

235

我對生命說：「我要聽死亡說話。」
生命把她的聲音提高一點：「現在你聽到他說話了。」

236

當你解答了生命的一切奧祕，
你就渴望死亡；
因為它不過是生命的另一個奧祕。

237

生與死，是勇敢的兩種最高貴的表現。

238

我的朋友，

你和我對於生命，

將永遠是個陌生者！

我們彼此也是陌生者，

對自己也是陌生者！

直到有一天，

我將聆聽你所說的，

把你的聲音當成我的聲音；

當我站在你面前，

覺得我是站在鏡前的時候。

239

他們對我說：「你能自知，就能了解所有的人。」

我回應：「只在我尋求所有的人時，我才能自知。」

240

一個人有兩個我——

一個在黑暗裡醒著，一個在光明中睡著。

241

隱士遺棄了一部分世界，

這使他可以無驚無擾地享受整個世界。

242

在學者和詩人之間伸展著一片綠野——

學者穿過去，他就成為聖賢；

詩人穿過來，他就成為先知。

243

昨天，

我看見哲學家把他們的頭顱裝在籃子裡，

在市場上高聲叫賣：

「智慧，賣智慧！」

可憐的哲學家！

他們必須出賣他們的頭，餵養他們的心。

244

哲學家對清道夫說：

「我可憐你！你的工作又苦又髒。」

清道夫應道：

「謝謝你，先生！請告訴我，你做什麼工作？」

哲學家回答：「我研究人的心思、行為和欲望。」

清道夫一面掃街，一面微笑：「我也可憐你！」

245

聽真理的人並不弱於講真理的人。

246

沒有人能在需要與奢侈之間畫出一條界線。

只有天使能這樣做，

因為天使明智而熱切。

也許天使就是我們在蒼穹中更高尚的思想。

247

在托缽僧心中找到自己的寶座者，

乃是真正的國王。

248

慷慨，是超過自身之能力的施與；

自尊，是少於自身之需要的接受。

249

實際上你不欠任何人的債；

你欠所有的人一切的債。

250

生活於過去的人，現在都和我們一起活著。

我們中間當然沒有人願意做一個怠客的主人。

251

希望愈多的人，活得愈長久。

252

他們對我說：「十鳥在林，不如一鳥在手。」

我回應：「一鳥一羽在林，勝過十鳥在手。」

你所追求的羽毛，

就是生命帶翼的腳……

不！它就是生命本身。

253

世界上只有兩個元素——美和真。

美，在情人的心中；

真，在耕者的臂裡。

254

偉大的美俘虜了我！

但是，一個更偉大的美居然把我從掌握中釋放了。

255

美，在渴望它的人心裡，
比看到它的人眼裡，
放出更明亮的光彩。

256

我愛慕那對我傾訴心懷的人，
尊重那對我披露夢想的人。
但是，
為什麼在服侍我的人面前，
我靦腆，
甚至帶些羞愧？

257

禮物曾以能侍奉王子為榮。
現在，
它們以侍奉貧民攀求聲名。

258

天使們曉得，
有太多講實際的人就著夢想者眉間的汗吃麵包。

259

智慧，往往是一副面具。
你如能把它扯下來，
將發現它若不是一個被激怒的天才，
就是一個投機的詐欺者。

260

聰明把聰明歸功於我，
愚鈍把愚鈍歸罪於我。
我想，他倆都說對了。

261

只有自己心裡有祕密的人，
才能參透我們心裡的祕密。

262

只能和你同樂卻不能和你共苦的人，
丟掉了天堂七道門中的一把鑰匙。

263

是的，世界上是有涅槃──
它就在你把羊群帶到碧綠的牧場；

在你哄著孩子睡覺；
在你寫出最後一行詩句時。

264

遠在體驗到它們以前，
我們就已選擇了我們的歡樂和悲哀。

265

憂愁，是兩座花園之間的一堵牆壁。

266

當你的歡樂和悲哀變大，世界就變小了。

267

欲望是半個生命，
淡漠是半個死亡。

268

我們今天的悲哀中最痛苦者，
乃是我們對昨天的歡樂之回憶。

269

他們對我說：

「你必須在今生的歡娛和來世的平安之間做個選擇。」

我回答他們：

「我已選擇了今生的愉快和來世的安寧。

因為我心裡知道那最有價值的詩只須寫一首，

這首詩將完全合乎節奏與韻律。」

270

信仰是心中的綠洲，

思想的駱駝隊永遠走不到。

271

當你達到你的顛峰，

你將為盼望而盼望，

為饑餓而饑餓，

為更大的乾渴而乾渴。

272

假如你對風洩露了你的祕密，

你就不應當去責備風對樹林洩露了祕密。

273

春天的花朵，

是天使們在早餐桌上所談論的冬天的夢想。

274

鼬鼠對晚香玉說：

「看我跑得多快！你卻不能走也不會爬。」

晚香玉回答鼬鼠：

「唔！最高貴的快腿，請快快跑開吧！」

275

烏龜比兔子更能多講些道路的情況。

276

奇怪的是，沒有脊骨的生物都有最堅硬的殼。

277

話最多的人最不聰明。

一個演說家和一個推銷員，幾無分別。

278

你應該感謝，

因為你不必靠父親的名望或伯叔的財產生活。
但最應感謝的是，
沒有人必須靠你的名譽或財產生活。

279

變戲法的人只有在接不到球的時候，
才會現身在我眼前。

280

嫉妒我的人，在不知不覺中頌揚了我。

281

很久以前，
你是你的母親睡眠裡的一個夢。
後來她醒了，把你生了下來。

282

人類的胚芽，
就在你母親的願望中。

283

我的父母希望有個孩子，
他們就生下我。

我需要母親和父親，
我就擁有了黑夜和海洋。

284

有的兒女使我們感到不虛此生，
有的兒女為我們留下終身遺憾。

285

當黑夜來臨而你也陰鬱的時候，
就堅決而陰鬱地躺下來；
若早晨來臨，你還感到陰鬱，
就站起來堅決地對白天說：
「我還是陰鬱的。」
對黑夜和白天扮演同一種角色，
很愚蠢！他倆都會嘲笑你！

286

霧裡的山岳不是丘陵；雨中的橡樹也不是垂柳。

287

看哪！這個似非而是的論斷——
最高與最低之間的距離，
總比中點到兩邊的距離來得短。

288

當我一面明鏡似地站在你面前的時候，
你注視著我，看到了自己的形象。
然後你說：「我愛你。」
但是，實際上你愛的是我心中的你。

289

當你以愛鄰人為樂，它就不是美德了。

290

不時常洋溢的愛，往往會枯萎。

291

你不能同時又有青春又有知識。
因為青春忙於生活，
顧不得去了解；
知識為了生活，
忙於自我尋求。

292

你有時坐在窗邊觀望過往行人，望著望著……
你也許看見一個尼姑朝著你右手邊走來，

一個妓女朝著你左手邊走來。

你也許在無意中說出：

「這一個是多麼高潔！那一個又是多麼卑賤！」

假如你閉起眼睛靜聽一會，

你會聽到蒼穹中有個聲音低語：

「這一個在祈禱中尋求我，

那一個在痛苦中尋求我。

在每個人的心靈中，

都有一座供奉我的心靈之殿堂。」

293

每隔一百年，

拿撒勒的耶穌就和基督徒的耶穌

在黎巴嫩山中的花園裡相會。

他們做了長談。

每次當拿撒勒的耶穌向基督徒的耶穌道別時，

他都說：

「我的朋友，我怕我們兩人永遠、永遠也不會一致。」

294

求上帝餵養那些窮奢極欲的人吧！

295

一個偉大的人有兩顆心：
一顆心流血，另一顆心寬容。

296

如果一個人說了並不傷害你或任何人的謊話，
你為什麼不在心裡說——
他堆放真實的房子太小了，
擱不下他的幻想；
他必須把幻想留待更大的場地。

297

在每扇關起的門後面，
都有一個用七道封條封起的祕密。

298

等待，乃是時間之蹄。

299

假如東牆上那扇新開的窗戶令人困惱，
那你怎麼辦？

300

和你一同笑過的人，
你可能會把他忘掉！
但是，和你一同哭過的人，
你永遠不會忘記。

301

鹽裡面一定有些出奇神聖的東西！
它也在我們的眼淚中和大海裡。

302

我們的上帝在他慈悲的乾渴中，
會把露珠和眼淚都喝下去。

303

你不過是你的大我的一個碎片；
一張尋求麵包的嘴；
一隻盲目，為一張乾渴的嘴舉著水杯的手。

304

只要你從種族、國家和自身之上升起一腕高，
你就當真像神一樣了。

305

假如我是你，
我決不在低潮的時候去抱怨大海。
船是一隻好船，
我們的船主也很精幹！
只不過，你的肚子太不合時宜了。

306

我們希望而得不到的東西，
比我們已得到的東西總要寶貴些。

307

假如你能坐在雲端，
你就看不見兩國之間的界線，
也看不見莊園之間的界石。
可惜的是，
你不能坐在雲端之上。

308

七百年前，
有七隻白鴿從幽谷裡飛上雪白的山峰。
七個看到鴿子飛翔的人中，

有一個說：

「我看出，第七隻鴿子的翅膀上有個黑點。」

今日，這山谷裡的人就說，

飛上雪山頂峰的是七隻黑鴿。

309

秋天，我收集了我的一切煩惱，

把它們埋在我的花園裡。

四月又到，春天前來與大地結婚，

在我的花園裡開出與眾芳不同的美麗花朵。

我的鄰人都來賞花，他們對我說：

「當秋天再來，該下種子的時候，

你好不好把這些花種分給我們，

讓我們的花園裡也開出這些花朵？」

310

假如我向人伸出空手而得不到東西，

那當然苦惱！

但是，假如我伸出一隻滿握的手，

而發現沒有人接受，

那就要陷入絕望了！

311

我渴望著來生，因為在那裡，
我將見到我那未寫出的詩和未繪出的畫。

312

藝術，是從自然走向無限寬廣的一步。

313

藝術作品，
是一堆雲霧雕塑成的形象。

314

連那把荊棘編成王冠的雙手，
也比閒著的雙手強。

315

我們最神聖的眼淚，
永不尋求我們的眼睛。

316

每個人都是昔日的每個君王和每個奴隸的後裔。

317

耶穌的曾祖若知他裡面隱藏何物，
他不會對自己肅然起敬嗎？

318

猶大的母親對兒子的愛，
會比聖母對耶穌的愛少些嗎？

319

我們的弟兄耶穌有三樁奇蹟沒有在經書上記載過：
第一件，他是和你我一樣的人；
第二件，他有幽默感；
第三件，他是個征服者。

320

釘在十字架上的人，
你就釘在我的心上；
穿透你雙手的釘子，
穿透了我的心壁。
明天，當一個遠方人從各各他走過，
他不會知道這裡有兩個人流過血。
他還以為那是一個人的血。

321

你也許聽說過那座「祝福之山」。
它是我們世上最高的山。
一旦你登上頂峰，
你就只有一個願望，
那就是往下走入最深的谷裡，
和那裡的人民一同生活。
這就是這座山叫作「祝福之山」的原因。

322

每一個被我禁閉在言辭中的思想，
我必使其在我的行為中得到解放。

淚與笑

引子

　　我不想用人們的歡樂將我心中的憂傷換掉，也不願讓我那發自肺腑愴然而下的淚水變成歡笑。我希望我的生活永遠是淚與笑；淚會淨化我的心靈，讓我明白人生的隱密和它的堂奧；笑使我接近我的人類同胞，它是我讚美主的標誌、符號。淚使我借以表達我的痛心與悔恨，笑則流露出我對自己的存在感到幸福和歡欣。

　　我願為追求理想而死，不願百無聊賴而生。我希望在自己內心深處，有一種對愛與美如饑似渴的追求。因為在我看來，那些飽食終日、無所事事者是最不幸的人，不啻行屍走肉；在我聽來，那些胸懷大志、有理想、有抱負者的仰天長歎是那樣悅耳，勝過管弦演奏。

　　夜晚來臨，花朵將瓣兒攏起，擁抱著她的渴慕睡去；清晨到來，她張開芳唇，接受太陽的親吻。花的一生就是渴慕與結交，就是淚與笑。

海水揮發，蒸騰，聚積成雲，飄在天空。那雲朵在山山水水之上飄搖，遇到清風，則哭泣著向田野紛紛而落，它匯進江河之中，又回到大海——它故鄉的懷抱。雲的一生就是分別與重逢，就是淚與笑。

　　人也是如此，他脫離了那崇高的精神境界，而在物質的世界中蹣跚，他像雲朵一樣，經過了悲愁的高山，走過了歡樂的平原，遇到死亡的寒風，於是回到他的出發點，回到愛與美的大海中，回到主的身邊。

愛情的生命

春

來呀，親愛的！讓我們到荒野去！冰雪已經消融，生命從夢鄉甦醒，春在河谷、山坡蹣跚，搖曳。走呀！讓我們去追尋春天在遼闊的田野上留下的蹤跡；上呀！讓我們登上高山，放眼眺望四周那如海似濤的翠微。

啊！冬之夜疊好、收起的衣裳，如今春之晨又將它鋪展開來。於是桃樹、蘋果樹打扮得如同「蓋得爾夜」（穆斯林的平安夜）的新娘；葡萄樹醒來了，枝藤扭結好似情人緊緊擁抱在一起；溪流在岩石間邊跳著舞，邊哼著歡樂的歌，潺潺流去；百花從大自然的心中綻開，如同從大海中湧出浪花朵朵。

來！讓我們從水仙花的酒杯中喝乾殘存的雨的淚水；讓我們傾聽小鳥的歡歌，心曠神怡；讓我們呼吸那春風的芳菲，如醉如癡。

讓我們坐在那藏匿著紫羅蘭的岩石下，相互在愛戀中親吻。

夏

　　快，親愛的！讓我們到田野去！收獲的季節到了！大自然在太陽的仁愛的光芒普照下，莊稼已經成熟了。快來呀！莫讓鳥兒和螞蟻趁我們疲勞的時機趕在了前頭，把我們地裡的糧食全搬走。快來呀！讓我們採擷大地上的果實，如同精神採擷愛情在我們心中播下的忠誠的種子所結出的幸福之果；讓我們用田裡的產品裝滿庫房，如同生活充實了我們感情的穀倉。

　　來呀，我的情侶！讓我們蓋著藍天，鋪著草地，頭枕一捆鬆軟的乾草，在一天勞累之後，躺下來休息，聽著月下谷地的小溪在潺潺細語。

秋

　　親愛的，讓我們到葡萄園去！把葡萄榨成汁，裝進酒池裡，好似把世世代代的智慧和哲理收藏在心窩裡。讓我們採集乾果，提取花的香液，即使花果消亡，亦可芳澤人世⋯⋯

　　讓我們回到自己的住處；因為樹葉已經變黃，風捲枯葉飄落四方，好像要用它們為凋零的百花蓋上屍衣，那些花是在送別夏天時，悲傷得鬱鬱而死。走吧！群鳥已向海岸飛去，它們帶走了園林中的生氣，只給素馨和野菊留下一片孤寂，於是它們把未盡的淚水灑落在地。

我們回去吧！小溪已不再歌唱，泉眼已流乾了它歡樂的淚，山丘也脫下了它的艷服盛裝。走吧，我親愛的！大自然已經睡眼朦朧，唱了一首悲壯，動人的歌曲，為清醒送行！

冬

　　靠近我，我終身的伴侶！莫讓冰雪的氣息隔開我們的身體。請坐在我身邊，在這火爐前！火是寒冬美味的水果。同我談談子孫後代的前景！因為我的兩耳已經聽膩了風的嘆息和種種悲鳴。把門窗全都關緊！因為見到天氣的怒容，會讓我傷感、悲痛，看到城市像失去兒子的母親坐在冰天雪地中，會令我愁腸百結，憂心忡忡。老伴兒，給燈添些油吧！它幾乎要熄滅了。把燈移到你跟前！讓我看看漫漫長夜在你臉上刻畫下的陰影。拿酒來，讓我們邊斟邊飲邊回憶那逝去的青春。

　　靠近我，靠近我些，親愛的！火已經熄了，灰燼幾乎把它蓋了起來。擁抱我吧！燈已經滅了，周圍是一片漆黑。啊！陳年老酒使我們眼皮沉重。再瞧瞧我！用你那朦朧的睡眼。摟著我！趁著睡魔還未將我摟緊之前。吻吻我吧！冰雪已經戰勝了一切，惟有你的吻還是那樣溫暖、熱烈……啊，親愛的！安眠的海是多麼深沉！啊，明晨又是多麼遙遠……在這世界上！

傳說

　　流水淙淙的小河岸邊，楊柳依依，綠蔭匝地。樹蔭下坐著一個農民的兒子，在凝眸注視著眼前靜靜的流水。小伙子從小就生長在田間野外，在那裡，彷彿一切都在談情說愛；樹上的枝葉相互擁抱在一起；花兒多情，婀娜、搖曳；鳥兒也唱著戀歌，吐露衷曲。在那裡，整個大自然都令人心蕩神迷，情懷難抑。

　　這位二十歲的青年，昨天在泉水邊，看到一位少女坐在姑娘們中間。他愛上了她。隨後，他得知這少女是埃米爾的公主，於是他責怪自己那顆心，埋怨自己的情感。但是責怪並不能使那顆心放棄愛戀，埋怨也無法將那一片癡情排遣。人被心靈與情感支配，猶如一根柔嫩的細枝，在南來北往的風口中無法自持。

　　青年看到了紫羅蘭花依偎在延命菊旁邊；聽到了夜鶯與鳧鳥（阿拉伯人稱為「蘇魯魯」鳥，比麻雀大，聲音十分動聽）在傾心交談。於是他哭了，感到自己是多麼孤單！愛情好似夢幻，浮現在他眼前。他淚水奪眶而出，情感湧上舌端：

「啊！這愛情在奚落我，讓我成了笑柄，把我引進這種窘境——希望被看成是缺點，理想被認為是卑賤。我崇拜的愛情把我的心捧上埃米爾的宮殿，卻把我的地位降在農舍間。這愛情把我帶向一位美麗的仙女身邊，那仙女是那樣高貴，男人們都團團圍攏在她跟前。

愛情啊！我俯首站在你的面前，你究竟要我怎麼辦？我曾跟隨著你赴湯蹈火，熊熊的火焰竟將我燒灼；你使我睜開了雙眼，可是看到的卻是一片黑暗；你讓我開口說話，但句句話都是哀傷和悲嘆。愛情啊！思念已經緊緊地同我擁抱在一起，沒有情人的親吻，它不會離去。愛情啊！你明知你是強者，我是弱者，可為什麼這樣苦苦地將我折磨？你公正，我無辜，你卻為什麼將我欺侮？惟有你是我的靠山，可是你為什麼卻將我摧殘？我的存在全依靠你，可是你卻為什麼將我拋棄？我的血如果不照你的意志流，你可以把它傾倒！我的腳如果不在你的路上走，你可以讓它癱掉！你可以隨意處理這個軀體，但請讓我的心靈能在你羽翼蔭庇下的田野中得到歡樂和安逸！……江河朝向他們的戀人——大海奔騰；花兒對她們的情人——陽光笑臉相迎；雲雨落在她們的追求者——谷壑的懷中。而我身上雖有江河不知、花兒未聞、雲雨難解的東西，卻獨自受苦，害單相思，遠遠離開我那意中人——她不想讓我在她父王軍隊中當個普通一兵，又不願讓我在她的宮中作一名親隨、僕從。」

青年沉默了一會兒，似乎是想要從河水淙淙和枝葉沙沙聲中，學習講話的本領，然後又說道：

　　「你——我不敢直呼芳名的心上人兒，尊貴的帷幔和壯麗的宮殿使我們咫尺天涯，難以相聚；你——我只能企望在人人平等的永恆的天國才能相見的仙女，人們在你面前俯首聽命，寶劍服從你的指揮，金庫和寺院都為你敞開大門！你佔有了一顆心，這顆心中只有聖潔的愛情；你奴役了一個魂靈，上帝使這個魂靈榮幸；你使一個人的頭腦發了瘋，那頭腦昨天還在這自由的田野中逍遙自在，如今卻成了俘虜，束縛他的就是愛情。啊！美麗的姑娘！見到了你，我才知道了自己為什麼要來到這個世界；知道了你的尊貴，看看我的卑賤，我才知道上帝有些祕密，凡人實在難解，他有一些途徑可以把靈魂帶到那樣一個境界——愛情並不按照人類的法規去作判決。當我注視你的兩隻眼睛，我就深信，人生就是一座天堂，它的大門是人的心靈。當我見到你的尊貴與我的卑微像巨人同虎狼在廝拼，我就知道了，這大地不再會容我存身。當我在你的女伴中發現你坐在那裡，好似芳草地上長著一朵玫瑰，我以為我夢想的新娘已成了同我一樣的人，是那樣具體；但當我認識到你父親的榮華富貴，才發覺，未等摘到玫瑰，刺兒就會把手扎得鮮血淋滴，美夢聚起的一切，清醒將會把它砸得粉碎……」

　　這時，他站起身來，垂頭喪氣，心灰意懶地走向水

泉，傷心、絕望地發出這樣的悲嘆：

「快救救我吧，死神！這荊棘扼殺群芳的大地實難容我存身。快讓我擺脫這種生活！——它把愛情女王廢黜，而讓富貴登上她光榮的寶座。死神啊！快讓我將這塵世擺脫！比起這個世界，情侶的相逢更應當在永恆的天國。死神啊！我將在那裡等待著我的戀人，在那裡同她結合。」

這時已是黃昏，夕陽開始從田野上收斂起她金色的飾帶。青年走到泉邊，坐了下來。淚如溪流往下淌，點點滴滴落在公主兩腳曾踏過的地上；青年的頭垂在胸前，好似在阻止自己的心跳出胸膛。

就在這時，柳林後面走出了一位姑娘，百褶裙裾拖在草地上。她站在青年的身旁，把柔嫩纖細的小手放在他的頭上。他回眸向她一望，那神情猶如一個人在睡夢中，突然被朝陽喚醒。他看到公主站在自己面前，彷彿是摩西見到荊棘叢在面前燃燒，不由得馬上屈膝跪倒。千言萬語湧上心頭，化成兩行熱淚往下流。

姑娘同他擁抱，吻著他的嘴唇，又啜著他的熱淚，把他的兩眼親吻。她微啟櫻唇開了口，聲音比蘆笛吹出的小曲還輕柔：

「親愛的！我曾幾次夢中同你相見，在孤寂的閨闈中我凝視過你的臉。你正是我失去的心靈的伴侶，是我注定來到這人間時，脫離了我的美麗的自身的另一半。

親愛的！我是偷偷地溜出深宮來同你幽會、相見啊！如今你就在我的懷抱，在我的面前。你不要焦慮不安！父親的榮華富貴我早已丟在一邊，天涯海角我都跟隨著你：生活的佳釀我們一起飲，死亡的苦酒我們一道咽。起來吧，我親愛的！讓我們到荒郊野外去，遠離開這人世間！」

一對情侶走在樹叢林間，夜幕垂下，將他們遮掩。埃米爾的殘暴嚇不倒他們，黑暗的幽靈也不會使他們心驚膽戰。

在王國的邊陲，埃米爾的探馬發現了兩具屍骸，其中一個頸項上還有一副金項鏈。在屍骸的跟前，一塊石頭上面，刻著這樣的遺言——

「愛情把我們聚在一起，誰能讓我們分離？死神領走了我們，誰能讓我們復歸？」

在死人城中

　　昨天，我逃避開了城市的喧囂與嘈雜，信步走在安謐恬靜的田野上，直登上一座高高的山丘，大自然給那山丘穿上盛裝艷服，蔚為壯觀。我站在那裡，在工廠冒出的濃煙匯成的密雲下，整個城市連同它的高樓大廈盡收眼底。

　　我坐下來，遠遠地觀察著人們的工作，發現那些工作多半都是很辛苦的。我不打算專為人們的所作所為傷腦筋，就放眼朝原野——上帝的光榮的寶座望去。於是我看到，在原野中有一片陵園，在那裡有一座座大理石築起的墳墓，四周是松柏環繞。

　　我坐在那裡，坐在活人城與死人城之間，沉思著。我在想，這裡是如何在進行持續不斷的鬥爭和永不停息的活動，那裡又是如何沉浸於靜謐、肅穆、安逸和恬適之中。這面是有希望，有沮喪；有愛，有憎；有窮，有富；有信教的，亦有無神論。而另一面，則是一杯黃土，大自然把它翻來倒去，用它創造出植物，再造出動物，而這一切都是在靜寂之中完成的。

我正陷入這種種的沉思遐想中，忽見一大群人緩緩走動，前面是樂隊，奏著哀樂。那是一支龐大的隊伍，浩浩蕩蕩，形形色色的人都有。那是在為一位權門富豪舉行葬禮。前面抬著一具死屍，後面跟著一大群活人，哭天號地……

　　他們到了陵園，祭司們聚攏起來，大念禱詞，頻頻薰香；樂隊也在一旁吹起了喇叭。過了一會兒，演講家出來為死者致悼詞，可謂口角生風，天花亂墜。隨後是詩人吟誦誄詩，真是辭采華美，珠圓玉潤。這一切儀式冗長得沒完沒了。過了許久後，人們才留下一座墳墓散去，那墳墓是工匠們殫精竭慮，精雕細刻而成的，周圍放著一個個精心製成的花圈。

　　我遠遠地望著那支送殯的隊伍返回城去，自己仍在山上沉思著。

　　太陽偏西，山石、樹木投下長長的陰影，大自然開始脫下光明的華服。

　　這時，我看見兩個男人抬著一口薄木棺材，後面跟著一個穿著破衣爛衫的女人。她懷裡抱著一個吃奶的嬰兒，身旁跟著一隻狗，那狗時而看看她，時而瞧瞧那棺材——這是一個窮人賤民的葬禮；棺木後面是一個悲痛欲絕、泣不成聲的妻子；一個看到母親哭也隨著哇哇大哭的孩子；一隻走起路來顯得那麼悲死憂鬱的忠心耿耿的狗。

這夥人到了墓地，在一個遠遠離開那些大理石陵墓的偏僻的角落裡，把那口棺材埋進了墓穴，然後令人心碎地默默地走回去，那隻狗一步一回頭，戀戀不捨地望著自己主人的長眠處。我目送著他們，直到他們消失在樹林後面。

　　這時，我朝活人城望去，心想：
　　「那是屬於富豪權貴的。」
　　然後，我又向死人城看去，心想：
　　「這也是屬於富豪權貴的。那麼，主啊！哪裡是窮人和弱者的立身之地呢？」
　　我邊想邊眺望著似錦的晚霞被瑰麗的陽光鑲上一道金邊，只聽見我心中有一個聲音說道：「在那裡。」

靈魂

　　造物主從自身中將一個靈魂分離，並在這靈魂中創造了美。

　　主給了這靈魂晨風般的溫存，野花樣的芳香，月光似的柔順。

　　主給了她一杯歡樂，並對她說：「這杯酒你不能喝，除非你將過去忘記，對未來也毫不在意。」

　　又給了她一杯悲鬱，說：「你把這杯酒喝下去，就會理解生活歡樂的真諦。」

　　主給她灌輸了愛，只要她發出一聲求全責備的嘆息，那愛就會同她分開；主給了她以甜蜜，只要她說出孤芳自賞的話語，那甜蜜就會離她而去。

　　主從天上賜與她學問，以便做為她往真理的道路上的指引。

　　主將睿智放進她的心中，使她一切都能看清。

　　主在她身上創造了感情，那感情與想像一起走；同幻影一道行。

　　主給她穿上了思慕的衣裳，那是天使用條條彩虹精

心織成。

隨後，主又將困惑的黑暗放在她心中，那黑暗正是光明的幻影。

主從憤怒的爐中取出了火，從愚蠢的沙漠上抓來了風，從自私的海灘上掘出沙，從歲月的腳下挖出土，用它們塑造成了人形。

他給人以盲目的力量：瘋狂時這力量沖天而起；在情慾面前，它又軟弱無力。

然後，主又給人們注入了生命：這生命正是死亡的幻影。

造物主先是微笑，而後又哭泣，他感到有一種無限的愛，把人和他的靈魂結合在一起。

笑與淚

　　太陽從那些草木葳蕤的花園裡收斂起它金色的餘輝。月亮從地平線上升起來，灑下清輝靜柔如水。我坐在樹叢下，注視著這瞬息萬變的天空。從裊娜多姿的枝葉間，我仰望著滿天繁星，好似無數的銀幣撒落在廣闊無邊的蔚藍色的地毯；我側耳細聽，遠處傳來山澗小溪淙淙的流水聲。

　　夜鳥投林，花兒也閉上了眼睛，四周是一片寂靜。這時，我聽到草地上傳來一陣輕輕的腳步聲。我回眸望去，只見走過來一對青年男女。他們坐在一棵枝繁葉密的樹下，他們看不見我，我卻能看清他倆。

　　年輕人先朝四周望了望，然後才聽見他開了腔：「坐下吧，親愛的，請你坐在我身邊。你笑罷！因為你的微笑象徵著我們的未來無限美好。你高興罷！因為歲月都為我們感到快樂。我彷彿覺得你心中還有懷疑，而對於愛情的懷疑就是一種罪過呀，親愛的！不久，月光照耀下的這片廣闊的土地都將屬於你，這座公館並不亞於國王的宮殿，也將歸你掌管。我的駿馬良駒將馱著你

到處旅行遊逛；我的華麗的車子會載著你出入劇院、舞場。親愛的！微笑吧，就像我寶庫中的黃金那樣微笑罷！請你對我瞧一瞧，要像我父親的珠寶那樣瞧著我。聽我說，親愛的！我的心執意要在你面前傾吐它的衷情。我們將歡度蜜年，我們可以帶上大量的金錢，到瑞士的湖邊，到義大利的公園，在尼羅河畔法老的宮殿，在黎巴嫩翠綠的杉樹下、叢林間度過我們的蜜年。你將會見公主和貴婦，你的一身珠光寶氣，連她們都會對你妒忌。這一切都是我要獻給你的，你可滿意？啊！你笑得多麼甜！你的微笑就彷彿是我的命運在微笑一般。」

過了一會兒，我看到他倆慢慢地走著，他們腳踩著鮮花，就好似富人的腳把窮人的心踐踏。

他倆消逝在黑暗裡，我卻還在思考，金錢在愛情中所占的地位。我想到，金錢是人類萬惡之源，而愛情則是幸福與光明的源泉。

浮想聯翩，使我感到茫然。正在這時，有兩個人影經過我的面前，然後坐在不遠的草地上面。又是一對男女青年，他們來自農舍、田間。先是一陣寂靜，此時無聲勝有聲。接著我聽到話語伴隨著深深的長嘆，說話的是那位害肺病的青年：「揩乾你的眼淚，我親愛的！愛情使我們眼亮心明，讓我們成了它的僕從，它賦予我們堅忍頑強的品性。擦乾你的眼淚！要感到欣慰，因為我們為崇拜愛情，結成了神聖同盟。為了甜蜜、純潔的愛

情，我們可以忍受一切痛苦和不幸，經受得住離別和貧困。我一定要同歲月較量一番，直到獲得一筆像樣的財產，奉獻在你面前，幫助我們度過生命的各個階段。親愛的！主就是美好愛情的體現，它會接受我們的淚水和悲嘆，就像接受香火一般。它也會為此獎賞我們應得的命運。親愛的，再見吧！月亮落去之前我該走啦！」

　　隨之我聽到一陣柔聲細語，間雜著熾熱如火的喘息。那聲音出自一位溫柔的少女，她把內心的一切都揉進了那話音——愛情的熾熱、離別的痛苦和永久的甜蜜，她說：「再見吧，我親愛的！」

　　隨後，他倆分了手。我坐在那棵樹下，憐憫好像無數隻手在揪扯我的心緒。這奇妙世間的許多奧秘，實在讓我感到茫無頭緒。

　　這時，我注視著沉睡的大自然，細細地察看，於是我發現其中有一樣無邊無際的東西。一種用金錢也無法買到的東西；一種用秋天的淒涼的淚水所不能沖掉的東西；一種不能為嚴冬的悲愁所扼殺的東西；一種在瑞士的湖畔、義大利的遊覽勝地所找不到的東西：它是那樣堅忍頑強！能挺過嚴冬，在春天開花生長，在夏天結果繁榮。我發現那東西就是「愛情」。

夢

　　在田野中，在一條清澈的溪流岸邊，我見到一個鳥
籠，那籠子是由能工巧匠精心編織而成。籠子的一角躺
著一隻死去的小鳥，另一角有一只小罐，裡面的水早已
喝乾，還有一只小罐，裡面的米也早已吃完。

　　我站在那裡，默無一言。我側耳諦聽，彷彿那死去
的小鳥與汩汩的溪水聲中有金玉良言，啟迪我的良知，
探詢我的心靈。我細細察看，於是知道，那小鳥雖在溪
水旁，卻曾因為乾渴作過垂死掙扎；那小鳥雖在生命的
搖籃——田野中，卻曾由於飢餓而同死亡作過鬥爭。這
就猶如一個富翁，被鎖在金庫裡，餓死在錢堆中。

　　過了一會兒，我看見那籠子忽然變成了一具透明的
人形，那隻死鳥變成了一顆人心，那心上有一處深深的
傷口，從中流出滴滴殷紅的鮮血，傷口的四周宛如一個
悲傷的女人的嘴唇。

　　隨之，我聽到伴隨滴滴鮮血，從那傷口中傳出這樣
的話音：「我就是人的心，是物質的俘虜，是塵世人間
法規的犧牲品。在美的田野中，在生活源泉的旁邊，我

被關進了人們為詩人製定的法規的樊籠；在美德的搖籃裡，在愛情的手中，我沒沒無聞地死去。因為美德和愛情的果實都不許我享用。我嚮往的一切，根據世俗之見，都是可恥的；我追求的一切，拿人們的成見去判斷，都是可鄙的。

「我是人的心，我被囚禁在世俗陳規的黑暗中，從而變得衰弱，我被幻想的鎖鏈羈絆，奄奄一息；我被遺棄在文明迷宮的角落裡，默默地死去。而人們則緘默不言，視而不見，只是微笑著站在一邊。」

我聽到了這些話語，看見它們是出自那顆受了傷的心，連同鮮血滴滴。在那之後，我沒再見到什麼東西，也沒再聽見什麼聲音。

美

美是賢哲的宗教
——印度一詩人

　　有些人在各派宗教的十字路口徬徨，在不同信仰的谷地中感到迷惘。認為與其受宗教的約束，不如不信更自由自在；與其被囚於皈依的樊籠，不如登上無神論的舞台。我奉勸這些人，把美當作宗教，把美當作神祗崇拜！因為美是萬物完美的徵象，體現在理智的成果上。請你們把那種人擯棄！——他們不過是把信仰視為兒戲，既想花天酒地，紙醉金迷，又企圖在來世有個好的歸宿與結局。你們要相信美的神力！——它是你們珍惜生命的開端，是你們熱愛幸福的起源。然後，你們可以向她的——美懺悔！因為美可以把你們的心送到女人的寶座前——那兒像一面明鏡，你們的所作所為都能照見；美可以使你們的靈魂歸真反璞至大自然——那兒本是你們生命的起源。

　　喂，那些胡言亂語、胡思亂想，執迷不悟的人們！只有在美中才有真理，那真理顛撲不破，毫無疑問；只有在美之中才有光明，那光明驅散了黑暗，使你們免受蒙騙。

請你們仔細地觀察地暖春回、晨光熹微，你們必定會觀察到美。

　　請你們側耳傾聽鳥兒鳴囀、枝葉窸窣、小溪淙淙的流水，你們一定會聽出美。

　　請你們看看孩子的溫順、青年的活潑、壯年的氣力、老人的智慧，你們一定會看到美。

　　請歌頌那水仙花般的明眸，玫瑰花似的臉頰，罌粟花樣的小嘴，那被歌頌而引以為樂的就是美。

　　請讚揚身段像嫩枝般的柔軟，頸項如象牙似的白皙，長髮同夜色一樣烏黑，那受讚揚而感到快樂的正是美。

　　請你們把軀體當聖台，奉獻給善行；把心靈作祭壇，對愛情膜拜頂禮，那麼為這種虔誠而獎賞你們的恰是美。

　　那些天降予你們以美的奇蹟的人們！你們可以歡呼，可以欣喜！因為你們可以無憂無慮，無所畏懼。

今與昔

　　富翁在自己公館的花園裡散步，煩惱尾隨其後，寸步不離。不安在他頭上盤旋，好似兀鷹在一具屍體上空打轉。富翁走到一個巧奪天工的人造湖前，湖的四周都是大理石雕像。他坐在那裡，時而看看那些噴泉——水從那些塑像的嘴裡噴出，就像種種思緒從情人的腦海裡湧現；時而看看他那壯麗的公館——公館坐落在那片高地上，如同少女面頰上長著一顆美人痣。

　　他坐在那裡，回憶與他同坐在一起。回憶在他面前一頁一頁翻著一冊書，那是往昔為他寫下的傳記。他讀著，淚水模糊了他的兩眼，使他不再看到那人工湖的水面，懷念使他心中又想起了往日的一幅幅畫面。他不禁傷感地說道：

　　「往昔，在那翠綠的山野間，我放牧群羊，歡天喜地，充滿朝氣，我吹著蘆笛，表達我的歡娛。如今，我成了貪慾的俘虜，被金錢牽著鼻子走，金錢引我走向貪心，貪心引我走向不幸。當年，我像小鳥鳴囀歌唱；像蝴蝶翩翩起舞。在田野中，我身輕如燕、快步似風。如

今，我成了世俗陋習的囚徒：穿戴打扮、請客、吃飯、樣樣事情都要裝腔作勢，以取悅於人們，遵循他們那些規矩。

當年，我彷彿是天之驕子，想要盡情享受人間的歡樂。可是如今，我在錢財的羈絆下卻整日自尋煩惱；我彷彿變成了一匹馱著沉重金子的駱駝，那金子足以使它斃命。如今，那遼闊的原野在哪兒？那潺潺歡歌的溪流在哪兒？那潔淨的空氣在哪裡？大自然的尊貴在哪兒？我的神力又在哪裡？我把這一切都喪失了。只剩下了金子，我愛它們，它們卻蔑視我；只剩下了奴僕，他們越來越多，我的歡樂卻越來越少；只剩下了高樓大廈，我建起了高樓，卻毀掉了自己的幸福。當年，我同牧女並肩徜徉，天上只有溶溶月色偷眼窺視，地上只有純真無邪的愛情伴隨著我們。如今，我身前身後的女人卻是一個個擠眉弄眼，醜態百出，遍體濃妝艷裹，金身珠光寶氣，借嬌柔造作，以出賣色相。

當年，我同年輕的伙伴們一道，在林中好似一群羚羊，怡然自樂，我們共同引吭高歌，一起分享田野美味；如今，我在人們中間卻好似鷹爪下的一隻小羊，膽戰心驚：我走在街上，憎恨的目光落在我身上，嫉妒的手對我指指點點；我走進公園，看到的都是昂著的頭，板著的臉。

往日，我生氣勃勃，享受著大自然的美；如今，我

被剝奪了這一切。往日，我幸福，好似個大富翁；如今，我有錢，卻成了可憐蟲。往日，我放牧羊群，好似一個仁義的國王統治著他的臣民；如今，我在金錢面前，好似一個卑賤的奴僕，對主人百依百順。我真沒想到金錢會泯沒我的心泉，把我引向愚昧的深淵；我也不曾料到，人們以為的安榮尊貴，卻是地獄的火在燒灼著良心……」

富翁站起身來，感嘆地緩步向自己的府邸走去，嘴裡念叨著：「難道這就是金錢？這就是使我成了它的祭司的神靈？難道我們用生命買來的卻無法用它換回一絲一毫生命的就是這東西？誰能以一堪他爾（阿拉伯重量單位，約45公斤）金子賣給我一種美好的思想？誰能拿去一把珠寶換給我一絲愛情？誰又能取走我的金倉銀庫而給我一雙可以看到美的眼睛？」

他走到府邸門口，像當年耶利米（公元前650～575年，以色列四大先知之一）望著耶路撒冷似的看著那座城市，並用手指著它，好像在為它哀悼，大聲說道：「你們這些行走在黑暗中、坐在死亡的陰影下、蠅營狗苟、顛倒是非、胡說八道的人們啊！你們把香花、碩果拋到深淵裡，卻去啃噬荊棘和芒刺，這種現象何日了？你們丟下生活的美麗花園不去住，卻要住在廢墟、泥濘中，這樣的情況幾時休？明明為你們縫製了綾羅綢緞，

你們為什麼偏要去穿那些破衣爛衫？人們啊，睿智的明燈已經熄了，快添上油點起來吧！路人要破壞你幸福的葡萄園了，你要守衛好！盜賊要偷竊你安適的庫房了，你可要當心！」

這時，一個窮人走來站在那位富人的面前，伸手向他乞討。富人瞧著他，顫動的嘴唇閉攏起來，緊鎖的眉頭舒展開來，兩眼閃出溫柔的目光。他剛才在湖邊追念的往昔，現在來向他招手了。於是他走近那個乞丐，愛憐而平等地親吻著他，把大把的金幣塞在他手裡，話語中充滿了憐憫與同情，說道：「兄弟！現在先拿去這些，明天，你再同你的同伴一道來，把你們的錢財都拿回去吧！」那窮人露出蔫了的花兒喜逢甘霖般的微笑，很快地走了。

這時，富翁走進了自己的公館，說道：「人生的一切都是美好的，甚至連金錢也是一樣，因為它會給人們以教益。錢就好像琴一樣，誰不會演奏，它就只會讓他聽到刺耳的噪音。錢又像愛情一樣，誰吝嗇不肯把它給人，它會讓他死去；誰慷慨將它給予別人，它會使他新生。」

睿智的光臨

夜闌人靜，睿智來到了我的床前。她像慈母般地瞧著我，抹去我的淚水，說道：「我聽到了你心靈的呼喊，來到這裡，將你安慰。你可以在我面前，敞開你的心扉，我會讓光明充滿你的心田。有什麼疑問，你盡管提出，我可以為你指出真理之路。」

於是，我說：「睿智，告訴我！我是誰，怎麼會來到這可怕的地方？這些宏大的願望、這麼多的書、這些奇怪的畫都來自哪裡？怎麼會有這些像鴿群聯翩的思想？這些反映自己意向的詩句和饒有趣味的散文有什麼用？這些擁抱著我的靈魂、叩擊著我的心、令人悲傷又令人歡喜的作品會有怎樣的命運？我的周圍為什麼會有這些眼睛——它們看到了我的內心深處，卻對我的痛苦不聞不問？這是些什麼樣的聲音——它們對我的童年大唱讚歌，而對我現在的日子號吠傷心？青春是怎麼回事——它玩弄我的意願，蔑視我的情感，忘卻昨日的功業，迷戀於當前的瑣事，卻又埋怨明天來得太慢？這世界是怎麼回事——它帶我走向何處，我不清楚。為什麼

它同我一道被人輕侮？為什麼大地張開大嘴吞食人們的軀體，卻又敞開胸懷讓貪婪與野心安居？為什麼人們明知前面有懸崖也要前去追求幸福；即使死神批他的面頰還要求生活的親吻？為什麼願意花上懊悔一年的代價買得一分鐘的快樂？為什麼理想在呼喚，他卻沉睡不醒？為什麼他隨同愚昧的溪流直到黑暗的海灣？睿智！這一切究竟是怎麼回事？」

她答道：「人呀！你想要用神的眼睛來看這個世界，卻要用人的思維去弄清楚來世的奧秘，這是極其愚蠢的。你到野外，會發現蜜蜂在花叢中飛來飛去，而老鷹直向獵物撲去；你到鄰居家去，會看到嬰孩對光線感到驚奇，而母親卻在忙著家務事。你要像那蜜蜂一樣，別去管老鷹的事情而浪費大好春光！你要像那個嬰孩，為光線而高興，別去管你媽媽的事情！你看到的一切，過去和將來都是為了你：那麼多的書，那些奇異的畫和美好的理想，是你先輩心靈的幻影。你寫出的詩文，會連接你同你人類弟兄們的心：那些令人悲傷又令人歡喜的作品就是種子，往昔把它撒進心田，未來將會使它豐產；那玩弄你的意願的青春，會打開你的心扉，讓光明充滿你的心；這張開大嘴的大地，是讓你的肉體擺脫你靈魂的奴役；帶著你前進的這個世界就是你的心，因為你的心就是你以為是一個世界的那東西；你認為愚蠢而渺小的人，他來自上帝，通過悲傷學習歡欣，從蒙昧中

求得學問⋯⋯」

　　睿智把手放在我發燙的額頭，說道：「向前進，切
莫停！前面就是圓滿的成功。前進吧！別怕路上多荊
棘，因為它使之流出的只是腐敗的血液。」

真偽之間

　　生活帶著我們走過一程又一程，命運使我們的境遇不斷變遷。我們見到的只是一路崎嶇坎坷；我們聽到的一切都令人心驚膽戰。

　　美坐在他榮耀的寶座上，顯露在我們面前。於是我們走近他，以思慕為名，弄髒了他的袞服，摘下了他純潔的王冠。愛情穿著溫順的衣衫，經過我們面前，於是我們有的人對他疑懼，躲在暗中窺探；有的人對他緊緊追隨，冒他的名字，作惡多端。我們之中明智者把他看作是沉重的桎梏，雖然他輕柔賽過鮮花的芳香，溫順得勝過黎巴嫩的煦風。

　　睿智站在街頭巷尾，當眾大聲召喚我們近前，我們卻認為那是荒誕，對他的追隨者冷眼相看。自由邀請我們赴宴，享受他的美酒、盛筵，我們去了，嘴流饞涎，於是那宴會變得令人作嘔，庸俗不堪。

　　自然向我們伸出友好之手，要我們享受他的美，而我們竟害怕他的靜謐而投奔到城市裡。在那裡，我們越來越多，擁擠不堪，好似遇到狼的羊群，擠成一團。

真情被孩子的微笑或是情人的親吻領來看望我們，我們卻在他面前關緊我們情感的大門，遠離開他，好像一個齷齪的罪人。

良心在向我們求救，靈魂在呼喚我們，我們卻閉目塞聽，冥頑不靈；如果有誰聽到他良心的呼喊和靈魂的召喚，我們就會說，這個人神經不健全，而與他疏遠，不肯沾上邊。

就這樣，黑夜從我們身邊經過，我們卻渾渾噩噩。日子同我們握手，我們卻既怕夜晚，又怕白天。神祇屬於我們，我們卻向泥土靠近。飢荒在噬食我們的力量，而我們走過生活的麵包房，卻不肯把它嘗一嘗。啊！生活是多麼可愛，我們離生活卻又是多麼遙遠！

展望未來

　　從現實的牆後，我聽到了人類讚美的歌聲，聽到了聲聲鐘響把以太（Ether天空中傳播光、熱、電、磁的一種媒介物質）的分子振動，宣布在美的神廟開始了祈禱，那些大鐘是力量用情感的金屬鑄成，然後那力量又把它安放在情感的聖殿——人的心田。

　　從未來的後面，我看到人們跪倒在自然的胸膛上，面向東方，期待著晨光，那真理的晨光。

　　我看到這城市已經淹沒，成為遺跡，只留下一些頹垣斷壁，一片廢墟，向人們敘述著黑暗如何在光明面前戰敗而消聲匿跡。

　　我看到老人坐在楊柳樹下，頭頂著綠葉濃蔭，孩子們坐在四周，聽老人講述往事軼聞。

　　我看到小伙子們吹著短笛，彈著吉他，姑娘們肩披秀髮，圍著他們翩翩起舞，在素馨和茉莉花枝下。

　　我看到男子漢們在收割莊稼，女人們幫助搬運，她們邊幹活邊唱讚歌，笑在臉上喜在心。

　　我看到婦女不再穿著破衣爛衫，而是頭戴花冠，打

扮得花枝招展。

　　我看到人和萬物都親密無間，群鳥和蝴蝶可以安然地飛到人的跟前，成群的羚羊可以放心地走向水塘邊。我沒見到有誰一貧如洗，也沒看到什麼人紙醉金迷，看到的是平等互助，親如兄弟。我沒看到一個醫生，因為人人都有知識和經驗，會自己看病。我沒看到教士，因為良心已經變成了最偉大的教士。我沒看到一位律師，因為在人們中間，大自然代替了法院，為他們登記友好協約，使他們親密無間。

　　我看到人類已經認識到自己是萬物的基石，從而昂首挺胸，不再狗苟蠅營。他們揭掉了混淆、曖昧的面紗，而變的眼亮心明，於是陰雲在天空中寫的字他們會閱讀，清風在水面中繪的圖他們能辨明，花兒氣息的真諦他們知曉，鳥兒鳴囀的含意他們亦會心。

　　在現實的牆垣後，俯視著後代的舞台，我看到美是新郎，心靈是新娘，而整個的人生如同「蓋得爾之夜」一樣。

罪犯

在路的中間，坐著一位行乞的青年。那青年本來身強力壯，如今卻餓得瘦弱不堪。他坐在街頭，向行人伸手乞求，低三下四地訴說自己餓得難受，向善人們苦苦求救。

夜幕籠罩，青年已經口乾舌燥，卻仍舊是飢腸轆轆，兩手空空。於是他起身走到城外，坐在樹林中痛哭起來。隨後，他抬起淚眼，望著蒼天，飢餓難耐地說道：「主啊！我曾到財主、富翁那裡找過工作，他們看我衣衫襤褸，竟把我趕走；我曾敲過學校的大門，他們因我兩手空空，不讓我進；我曾求人雇用，能讓我糊口就行，可是倒霉透頂，沒人肯雇我做工。萬般無奈，我才做了乞丐。可是主啊！人們見到我這副模樣，卻說：『這傢伙身強力壯，施捨絕不能輪到懶鬼、不務正業的人的頭上。』主啊！母親按照您的旨意將我生下來，如今我由於您而存在，那麼，為什麼我以您的名義向人們乞討，他們卻不肯給我一口麵包？」

這時，這位走投無路的人驟然變色，從地上站起，

他目光如炬，滿臉怒氣。接著，他折斷了一根粗大的乾樹枝，握在手裡，向城裡一指，怒吼道：「過去，我曾想自食其力，用自己的汗水養活自己，但我卻活不下去。今後我要靠雙臂，靠武力去獲取生活的權利！過去，我曾以仁愛的名義乞求一塊麵包，人們卻對我置之不理；今後我要用邪惡的名義去奪取，而且還遠不止此……」

　　過了幾天，這位青年為了搶奪項鏈，竟將不少人的頸項砍斷，有誰敢阻止他的欲念，他就會讓他們命喪九泉。他的錢財越來越多，性情卻越來越凶殘。強盜們對他寵愛，普通人提起他卻心驚膽戰。不久，埃米爾王委派他當了總督，替自己把那座城市掌管。

　　就這樣，於是人們的慳吝，把一個窮苦人變成了劊子手；於是他們的狠毒，使一個好人變成了殺人犯。

情侶

第一眼

那雖只是一瞬，卻將人生的醉與醒截然劃分；那是第一道光芒，將心的各個角落都照亮；那是在第一根心弦上，發出的第一聲神奇的音響。這一剎那，使心靈又聽到了往日的傳聞；讓它看到了失眠之夜的作品。那一瞬間向心靈闡明了人世間感情的業績；也對它洩露了來世永生的秘密。那是阿施塔特女神（古代閃族腓尼基人的迦南宗教女神，掌繁殖、愛情）從蒼天拋下的一粒種子，落入眼睛種進心窩，感情催它發芽，心靈使它結果。情侶的第一眼好似聖靈飄蕩在煙波浩淼的海面，由此產生了地與天。人生伴侶的第一眼，彷彿是上帝在說：「如此這般……」

第一吻

上帝在杯中斟滿了愛的美酒，它是從那杯中啜飲的第一口；往日還讓人半信半疑，時時擔憂，它卻一下子

令人確信無疑，喜上心頭；它是美好人生的序幕，是精神生活詩篇的開頭；它是一根紐帶，連接著不同尋常的過去和光輝燦爛的未來；它既包含著感情的寧靜，也隱伏著情感的風暴；它是四片嘴唇共同說出的語言，宣布心是寶座，愛情是女王，忠誠是王冠。它是溫柔的一觸，好似微風輕撫玫瑰花蕊一般，帶來的是輕輕的甜蜜的呻吟和一聲幸福的長嘆；它是神奇的抖顫的開端，這種抖顫使得情人脫離開道學世界，進入夢幻的樂園；它是把兩朵花兒合在一起，使它們的氣息相混，而產生第三種香氣……如果說第一眼是愛情女神在心田上撒下的種子，那麼第一次親吻就像一朵鮮花，開放在人生之樹的枝頭上。

婚配

從此，愛情把生活的散文寫成詩篇，把生命的內容寫成經卷，晝夜吟詠、誦念。從此，思慕揭開了蒙在往年那些不解之謎上面的種種神秘的幕布，而由諸般樂趣構成了只有靈魂擁抱其主的快樂才能與之相比的幸福。婚配就是兩種神性結合在一起，而使第三種神性降生在地；婚配是兩個相愛的強者同舟共濟，以便一道戰勝歲月征途上的風風雨雨；婚配就是把黃色的美酒與紅色的佳釀混合在一起，而產生一種好似朝霞一樣桔紅色的液體；婚配就是兩個靈魂和諧一致，是兩顆心合二為一；

婚配是一條金鏈上的一環，這金鏈的開頭是目光一閃，它的末尾是無窮無限；婚配是純淨的雨水從貞潔的天空向神聖的自然傾盆而下，把幸福的田地中的力量開發……如果說情人的第一眼好似愛情播在心田中的一粒種子，出自她雙唇的第一次親吻好像第一朵鮮花開放在人生的樹枝。那麼，與她結婚就如同那粒種子開出的第一朵鮮花結出的第一顆果實。

往昔之城

　　人生攜我佇立在青春的山坡上，並示意我向後張望。於是我見到一座城市，奇形怪狀，座落在一片原野上。那原野香霧空濛，紫靄升騰，天光雲影，一片燦爛奇景。

　　我問：「那是什麼地方呀，人生？」

　　她說：「你仔細瞧瞧吧！那就是往昔之城。」

　　我仔細地觀看，於是我看見：

　　行動學院座落在那裡毫無動靜，好像一些巨人沉睡不醒；言語寺院的周圍遊蕩著一群魂靈，他們時而絕望地呼喊，時而又像希望在歌詠；宗教的廟宇，是信仰把它們建起，懷疑又把它們夷為平地；思想的尖塔高聳向天宇，好像一群乞丐的手向天上伸去；興趣的街道伸向四方，猶如河水在山谷中流淌；機密的倉庫由隱匿看守，然而卻遭到探詢的盜賊竊取；進取的城堡，由勇敢建成，卻毀在畏懼手中；夢想的大廈，夜晚把它修飾得壯麗無比，清醒卻使它變為一片廢墟；渺小的茅屋，是軟弱在裡面居住；孤獨的大禮拜寺中，佇立的是自我犧

牲；知識的俱樂部裡，智慧讓燈燭輝煌，愚昧卻使它暗淡無光；愛情的酒館中，情人喝得大醉，空下來時卻又讓他們不禁慚愧。人生的舞台上，生活在演出一幕幕的戲，然後死神來臨，結束了這些悲劇。

　　這就是往昔之城，時現時隱，既遠又近。

　　人生在我的面前，說道：「隨我走吧！我們已經站了好長時間。」我問：「到哪兒去，人生？」她說：「到未來之城。」我說：「請等一等！我已經累得寸步難行。岩石磨破了我的雙腳，艱難險阻使我筋疲力盡。」她說：「要向前進！停止不前就是膽小、怯陣，只回顧往昔之城就是愚昧、蠢笨。」

兩種死

　　夜闌人靜，死神從造物主那裡降臨到沉睡的城市裡，落在一座尖塔上。他目光如電，直穿透人家的牆壁，看到了那些被夢幻的翅膀帶著飛翔的靈魂和任憑睡魘擺布的軀體。

　　當晨曦初露，淡月隱去，市面如罩著輕紗，若隱若現的時候，死神靜悄悄地來到一家豪門大戶，他登堂入室，無人攔阻。死神站在那位有錢有勢的富翁床前，用手摸著他的腦門兒。那人驚醒了，矇矇矓矓地看到死神站在面前，不禁大驚失色地叫道：「離我遠點兒，你這個惡魔！快給我滾開，你這個鬼影！你是怎樣進來的？你這個小偷！你想幹什麼？你這個強盜！快滾開！我是這家的主人。你滾吧！否則我就要喊來奴僕和守衛讓你碎屍萬段！」

　　這時，死神走近他，用雷鳴般的聲音說道：「我是死神！你還是當心點兒，別那麼放肆吧！」那位有錢有勢的人回答說：「你現在要我怎樣？對我有什麼要求？我的事情還沒有做完，你為什麼要來呢？我這樣強壯，

你要幹什麼呢？你還是去找那些病弱的人吧！離我遠一點，別讓我看到你那長長的尖爪和披散得像一條條毒蛇似的頭髮吧！走吧！我不願再看到你那兩隻大翅膀和你那腐朽的軀體了。」

令人不安地沉寂了一會兒之後，那人又說：「不，不！仁慈的死神！你可別介意我剛才說過的那些話。我是嚇糊塗了，信口雌黃。我可以給您一斗金子，或是一群奴僕的靈魂，請您高抬貴手，放了我吧。死神啊！我還沒有活夠。我還有帳未算清，有債未討完。我還有些貨船行駛在海上，尚未抵岸。地裡還有好多莊稼，種下去，還未收回來。這一切您盡管拿去好了，只是請您放過我。我有大群妻妾婢女，個個都是花容月貌，任您挑，隨您選……您聽我說，死神！我還有個獨生子，是我的掌上明珠、希望的所在，您也拿去吧！只要放過我。一切東西任您拿，隨您取，只是請您饒過我吧！」

這時，死神用手摀住了那位塵世奴僕的嘴，攝取了他的真魂，讓他隨風飄去了。

死神又在窮苦無告的貧民區中走著，來到了一間小茅屋，走了進去。死神走近一張床，床上躺著一個青春少年。死神端詳著少年那寧靜的臉龐，摸了一下他的雙眼，於是他醒了過來。那少年一見死神站在身旁，就雙膝跪下，帶著一種發自肺腑的愛慕與思念之情，拱手說道：「壯美的死神啊，我在這裡！我早就對您朝思暮

想，望眼欲穿了。請接受我這顆心靈吧！心愛的，擁抱我吧！您是仁慈的，不會把我丟棄在這裡。您是造物主的使者，您最公正無私，因此，請您別丟下我！曾有多少次，我找您，找不到；曾有多少回，我喊您，您不應。現在，您終於聽到了我的祈求。請您成全我，滿足我的願望，擁抱我的心靈吧，親愛的死神！」

於是，死神把手指輕輕地放在那少年的嘴唇上，攝取了他的真魂，放在自己的翅膀下。

死神在空中盤旋，注視著這大千世界，迎風說道：「只有來自永恆天國的人，才能返回到那裡。」

在時光的舞台上

有的人在可憐巴巴的弱者獻給野心勃勃的強者的光榮中，顯赫地度過了一生，而這樣的一生遠不如在美的魅力和愛的美夢中度過的一分鐘，不如那樣高尚，那樣貴重。

在這一分鐘裡，人好似醍醐灌頂，與神靈相通；而在那一生中，人卻沉睡不醒，被夢魘蒙住了眼睛。在這一分鐘裡，心靈從人類種種清規戒律的桎梏下得到了解放；而在那一生中，心靈卻被人棄若敝屣，又好似拖著屈辱的鐐鍊被囚禁在牢房。這樣的一分鐘，是醞釀出所羅門詩篇、山中訓戒和法里德的特韻長詩（又稱：修行吟）的過程；而那樣的一生則是一種盲目的暴力，把巴勒貝克的神廟摧毀，使塔德木爾的宮殿夷為平地，讓巴比倫塔倒在塵埃裡。

有的心靈整整一天都在為窮人喪失權利而遺憾，為正義得不到伸張而悲嘆；而有的人卻一輩子都是花天酒地，紙醉金迷，尋歡作樂，以滿足他們的私欲。那樣的一天勝過這樣的一輩子。那樣的一天，心受到火的冶煉

而變得潔淨，心中充滿了光明；而這樣的一輩子，則是陰暗的一生，最後的歸宿是被埋葬在黃土中。那樣的一天是悟道醒世之日，是髑髏地之日（又譯，各各地），是希吉拉之日（伊斯蘭教紀元），而這樣的一輩子的歲月則好似被尼祿（羅馬暴君）花費在暴虐的市場，被可拉（反對摩西的富人）獻於貪欲的祭壇上，被唐璜（玩世不恭的貴族風人物）在肉欲的墳墓中埋葬。

　　這就是生活：在時光舞台上，黑夜演出的人生如一齣悲劇，白晝唱出的人生像一首歌曲，最後，永恆則把這人生保存起，似一顆珍珠，璀燦無比……

啊！風

　　你時而歌唱，歡笑；時而又悲嘆，哭號。我們能聽見你的聲音，卻見不著你的面貌；對於你，我們能覺察出，但卻看不到。你彷彿是愛情的海洋，淹沒了我們的靈魂，撫慰著我們寧靜的心。

　　你逢山而升，遇谷而降，在原野上則伸展開去，浩浩蕩蕩。升時，可看出你的剛毅、堅忍；降時，可看出你的謙恭、禮讓；伸展時，則顯示出你的輕盈、靈敏。你猶如一位尊貴而仁義的國王，對下層弱者顯得和藹可親，對倨傲的強者則威風凜凜。

　　秋天，在山谷裡，你哭天號地，樹木也跟著你一道啜泣；冬天，你大發雷霆，整個大自然也隨著你怒氣沖沖；春天，你軟弱多病，田野卻因而甦醒；夏天，你戴上了靜謐的面具，我們卻以為是太陽用利箭射死了你，又用它的酷熱裹住了你的屍體。

　　然而，在秋天的日子裡，你究竟是哭號，還是由於你剝光了樹木的衣服，在看著她們害羞而嬉笑？在冬天的日子裡，你究竟是圓睜怒目，還是繞著夜晚雪蓋的墳

墓在舞蹈？在春天的日子裡，你究竟是軟弱無力，還是像一個多情的少女，想用哀怨的嘆息把久別的戀人——四季中的青年——從睡鄉中喚起？在夏天的日子裡，你究竟是一具殭屍，還是只在果樹叢中、葡萄藤裡和打穀場上暫時睡去？

你從窮街陋巷裡帶上了疾病的氣息，又從高原山野上帶來了百花的芳香。這猶如那些廣寬的心胸，他們靜靜地忍受著人生的苦痛，也靜靜地對待人生的喜慶。

你對玫瑰花附耳說了些古怪的話語，而花兒竟懂得它們的含義，於是它一會兒渾身戰慄，一會兒又顯得笑容可掬。上帝對人的靈魂也正是這樣做的。

你在這裡慢慢騰騰，在那裡又匆匆急急，在第三處則是奔跑、馳騁，永遠不停息。這就好似人的思想：靜止則死，活動才生。

你在湖面上寫下一行行詩句，然後又把它們塗去。這同那些猶豫不決的詩人又有什麼兩樣！

你自南方來時，熾熱得像愛情；你從北方至時，冷酷得如死亡；你自東方來臨，像靈魂輕撫般的溫柔；而從西方降時，則像仇恨似的凜冽、凶狂。你究竟是像歲月一樣反覆無常？還是四面八方的使者，他們怎樣囑咐你，你就怎樣對我們講？

你在沙漠中怒氣衝天，蹂躪起商隊是那樣凶殘，然

後你又把他們埋葬在荒沙下面。這難道還是那個你嗎？——那股無形的氣流，隨同晨曦從枝葉間徐徐而起，又似夢幻般地悄然流向原野、谷地，在那裡，花兒因愛你而戰慄、搖曳，草兒聞到你的氣息，則手舞足蹈，如醉如迷。

你在海洋上亂發脾氣，把平靜的大海惹得無名火起，以至於它波濤洶湧，對你窮追不捨，張開巨口，把無數的船隻、生命一下子全吞下去。這難道還是那個你嗎？——你是那樣頑皮而多情，把房前屋後跑來跑去的女孩的小辮兒輕輕地撫弄。

你帶著我們的靈魂，我們的喟嘆，我們的氣息，急匆匆地要奔向何地？你把我們的歡歌笑語又要帶到哪裡？我們心中濺起的火花你將如何處理？你是要把它們全都帶到世外、霞霓後面去？還是想把它們當成獵物，拖進那些可怕的深谷、洞穴裡，隨意一丟，讓它們就此消聲匿跡？

夜深人靜時，心靈向你吐露它們的秘密；晨光熹微時，眼睛讓你帶去眼瞼的顫慄。那心靈的感覺，眼睛的發現，你可曾忘卻？

在你的羽翼下，攜著窮人的呼喊、孤兒的哀憐、寡婦的悲嘆；在你的衣褶中，放著旅人的思念、棄兒的哀怨，煙花女心靈的哭喊。這些小人物交給你的這一切，

你是否妥為保存？還是像這大地一樣，我們交給它什麼，它就將其變為自身的一部分？

這些呼聲、哭喊，你是否聽見，還是你也同那些豪強、權貴一般？人們向他們伸手乞憐，他們卻不屑一看，人們向他們呼喊，他們卻佯裝聽不見？

風啊，你這聽者的命根！你是否聽到了這些聲音？

歌之組曲

一支歌

　　在我心靈深處有一支歌曲，它不想穿上詞語做的衣裳；那支歌隱居在我的心頭，不願隨著墨水往紙上流；它如輕紗纏繞著我的情感，不肯像津液傾注在舌端。

　　我擔心以太（Ether）中的分子會將它損傷，怎肯將它吟唱？它已經習慣於安居在我的心房，我怕它受不了人們耳朵的粗俗，又能對誰將它歌詠？

　　你若看看我的眼睛，就會看到它的幻影，你若摸摸我的指尖，就會感到它的顫抖。

　　我的作品將它表明，好似湖面將星光照映；我的淚水將它透露──就如同朝陽下的露珠，將玫瑰花的秘密洩露。

　　這支歌曲，靜謐讓它展翅飛翔，喧囂卻使它隱匿藏起；黑夜睡夢時將它哼起，白晝清醒時卻令它輕輕地消聲匿跡。

　　人們啊！這是一首愛情之歌。哪一位以撒（聖經中

人名，原意是，幸福與歡笑）曾歌唱過它？哪一位大衛（聖經人物）又曾將它吟詠？

它比素馨花的氣息還芬芳，誰的喉嚨能將它污染？它比處女的童貞還珍貴，什麼管弦敢把它糟踐？

誰能將海濤轟鳴與夜鶯啼囀合二而一？誰又能將狂風呼嘯同小兒咿咿呀呀調諧一致？哪個人能詠唱好神的歌曲？

浪之歌

我同海岸是一對情人。愛情讓我們相親相近，空氣卻使我們相離相分。我隨著碧海丹霞來到這裡，為的是將我這似銀的泡沫與金沙鋪就的海岸合為一體；我用自己的津液讓它的心冷卻一些，別那麼過分熾熱。

清晨，我在情人的耳邊發出海誓山盟，於是他把我緊緊摟抱在懷中；傍晚，我把愛戀的禱詞歌吟，於是他將我親吻。

我生性執拗，急躁；我的情人卻堅忍而有耐心。

潮水漲來時，我擁抱著他；潮水退去時，我撲倒在他的腳下。

曾有多少次，當美人魚從海底鑽出海面，坐在礁石上欣賞星空時，我圍繞她們跳過舞；曾有多少次，當有情人向俊俏的少女傾訴著自己為愛情所苦時，我陪伴他長吁短嘆，幫助他將衷情吐露；曾有多少次，我與礁石

同席對飲，它竟紋絲不動，我同它嘻嘻哈哈，它竟面無笑容。我曾從海中托起過多少人的軀體，使他們從死裡逃生；我又從海底偷出過多少珍珠，作為向美女麗人的饋贈。

夜闌人靜，萬物都在夢鄉裡沉睡，惟有我徹夜不寐；時而歌唱，時而嘆息。嗚呼！徹夜不眠讓我形容憔悴。縱使我滿腹愛情，而愛情的真諦就是清醒。

這就是我的生活；這就是我終身的工作。

雨之歌

我是一條條晶亮的銀線，神把我從天穹撒下人間，於是大自然拿我去把千山萬壑裝點。

我是顆顆璀璨的珍珠，從阿施塔特女神王冠上散落下來，於是清晨的女兒把我偷去，用以鑲嵌綠野大地。

我哭，山河卻在歡樂；我掉落下來，花草卻昂起了頭，挺起了腰，綻開了笑臉。

雲彩和田野是一對永遠的情侶，我是他們之間傳情的信使：這位乾渴難耐，我去解除；那位相思成病，我去醫治。

雷聲隆隆閃似劍，在為我鳴鑼開道；一道彩虹掛青天，宣告我行程終了。塵世人生也是如此：開始於盛氣凌人的物質的鐵蹄之下，終結在不動聲色的死神的懷抱之中。

我從湖中升起，借著以太的翅膀翱翔、行進。一旦我見到美麗的園林，便落下來，吻著花兒的芳唇，擁抱著青枝綠葉，使得草木更加清潤迷人。

　　在寂靜之中，我用纖細的手指輕輕地敲擊著窗戶上的玻璃，於是那敲擊聲逐構成一種樂曲，啟迪著那些敏感的心扉。

　　空氣中的熱使我降生在地，我又反過來去消除這種熱氣。這就如同女人，她們從男人身上吸取力量，反過來又用這力量去征服男人。

　　我是大海的嘆息，是天空的淚水，是田野的微笑。這同愛情何其酷似：它是感情大海的嘆息，是思想天空的淚水，是心靈田野的微笑。

美之歌

　　我是愛情的嚮導，是精神的美酒，是心靈的佳餚。我是一朵玫瑰，迎著晨曦，敞開心扉，於是少女把我摘下枝頭，吻著我，把我戴上了她的胸口。

　　我是幸福的家園，是歡樂的源泉，是舒適的開端。我是姑娘櫻唇上的嫣然一笑，小伙子見到我，剎時把疲勞和苦惱都拋到九霄雲外，而使自己的生活變成美好的夢想的舞台。

　　我給詩人各種靈感，我是畫家的指導者，我為音樂家譜下了曲子。

我是孩子回眸的笑眼，慈愛的母親一見，不禁頂禮膜拜，讚美上帝，感謝蒼天。

　　我借夏娃的軀體，顯現在亞當面前，並使他變得好似我的奴僕一般；我在所羅門王面前，幻化成佳麗使之傾心，從而使他成了賢哲和詩人。

　　我向海倫（希臘神話中的超級美女）莞爾一笑，於是特洛伊成了廢墟一片；我給克婁巴特拉（埃及女王，亦稱埃及豔后）戴上王冠，於是尼羅河谷地變得處處是歡歌笑語，生機盎然。

　　我是造化，人世滄桑由我安排；我是上帝，生死存亡歸我主宰。

　　我溫柔時，勝過紫羅蘭的馥郁；我粗暴時，賽過狂風驟雨。

　　人們啊！我是真理。我是真理啊，你們要把這一點牢記在心裡。

幸福之歌

　　我與戀人相親相愛。我渴慕他，他迷戀我。但是，何其不幸！在這愛情中還有一個第三者，讓我痛苦，也使他飽受折磨。那個飛揚跋扈名叫「物質」的情敵，跟隨我們，寸步不離；她像毒蛇一般，要把我們拆散。

　　我在荒郊野外、湖畔、樹叢中尋求我的戀人，卻找不見他的蹤影。因為物質已經迷住他的心竅，帶他進了

城，去到了那紙醉金迷、胡作非為的地方。

　　我在知識和智慧的宮殿裡把他尋找，但卻找不到，因為物質──那俗不可耐的女人已經把他領進個人主義的城堡，使他墮落進聲色犬馬的泥沼。

　　我在知足常樂的原野上尋求他，卻找不見，因為我的情敵已經把他關在貪婪的洞穴中，使他欲壑難填。

　　拂曉，朝霞泛金時，我將他呼喚，他卻沒聽見，因為對往昔的眷戀使他難睜睡眼；入夜，萬籟俱寂、群芳沉睡時，我同他嬉戲，他卻不理我，因為對未來的憧憬占據了他整個的心緒。

　　我的戀人愛戀我，在他的工作中追求我，但他只能在造物主的作品中才能找到我。他想在用弱者的骷髏築成的榮耀的大廈裡，在金山銀堆中同我交往；但我卻只能在感情的河岸上，在造物主建起的純樸的茅舍中才能與他歡聚一堂。他想要在暴君、劊子手面前將我親吻；我卻只讓他在純潔的花叢中悄悄地親吻我的雙唇。他千方百計尋求媒介為我們撮合，而我要求的媒人卻是正直無私的勞動──美好的工作。

　　我的戀人從我的情敵──物質那裡學會了大喊大叫，吵鬧不止；我卻要教會他：從自己的心泉中流出撫慰的淚水，發出自力更生、精益求精的嘆息。我的戀人屬於我，我也是屬於他的。

紀伯倫　簡介

1. 個人生平

　　紀伯倫1883年生於黎巴嫩北部山鄉卜舍裡。12歲時隨母去美國波士頓。兩年後回到祖國，進貝魯特「希克瑪（睿智）」學校學習阿拉伯語、法文和繪畫。學習期間，曾創辦《真理》雜誌，態度激進。1908年發表小說《叛逆的靈魂》，惹怒當局，次年遷往紐約從事文學藝術創作活動，直至逝世。著有散文詩集《淚與笑》《先知》《沙與沫》等。

　　紀伯倫是黎巴嫩的文壇驕子，作為哲理詩人和傑出的畫家，他和泰戈爾一樣都是近代東方文學走向世界的先驅，「站在東西方文化橋樑上的巨人」。並有評論說「上帝的先知於其身復活」。同時，以他為中堅形成的阿拉伯第一個文學流派——敘美派（即「阿拉伯僑民文學」），全球聞名。

　　從上世紀20年代起，紀伯倫的創作由小說轉向散文和散文詩，後陸繼發表散文詩集《先驅者》（1920）、《先知》（1923）《沙與沫》（1926）、《人之子耶穌》（1928）、《先知園》（1931）、《流浪者》等，以

及詩劇《大地諸神》、《拉撒路和他的情人》等。《先知》是代表作，以一位智者臨別贈言的方式，充滿比喻和哲理的東方色彩。紀伯倫並自繪浪漫情調和深刻寓意的插圖。

紀伯倫認為要唱出「母親心裡的歌」，作品多以「愛」和「美」為主題，通過大膽的想像和象徵的手法，表達深沉的感情和遠大的理想。思想受尼采哲學影響較大。作品常常流露出憤世嫉俗的態度或表現某種神秘的力量。是阿拉伯近代文學史上第一個使用散文詩體的作家，領導過阿拉伯著名的海外文學團體「筆會」。最先介紹到中國來的是《先知》（冰心譯，1931）。從50年代起，逐漸為中國讀者所了解。

1883年1月6日，紀伯倫出生在黎巴嫩北部的崇山峻嶺之中，著名的「聖谷」附近的貝什里村。

在短暫而輝煌的生命之旅中，紀伯倫飽經顛沛流離、痛失親人、愛情波折、債務纏身與疾病煎熬之苦。

他出生在黎巴嫩北部山區的一個農家。故鄉的奇兀群山與秀美風光賦予他藝術的靈感。

12歲時，紀伯倫因不堪忍受奧斯曼帝國的殘暴統治，他隨母親去美國，在波士頓唐人街過著清貧的

生活。1898年，15歲的紀伯倫隻身返回祖國學習民族歷史文化，了解阿拉伯社會。1902年返美後僅一年多的時間，病魔先後奪去了他母親等三位親人。他14歲的妹妹死於肺病。妹妹臨死之前，哭喊著「希望見到哥哥，希望見到爸爸！」，但是最終她沒有實現這個願望。

紀伯倫非常喜愛自己的同母異父的哥哥，還沒來得及悼念哥哥的時候，母親因為接連失去2個孩子，也病倒了，1903年6月，母親也離他而去。紀伯倫曾經用一幅畫描繪了母親臨終前的瞬間，題為《走向永恆》，畫中母親的面容沒有一絲的痛苦，顯得十分從容和平靜。紀伯倫日後回憶母親對他文學創作的啟迪時強調「我的母親，過去，現在仍是在靈魂上屬於我。我至今仍能感受到母親對我的關懷，對我的影響和幫助。這種感覺比母親在世的時候還要強烈，強烈的難以測度。」

他以寫文賣畫為生，與為人剪裁縫衣的妹妹一起掙扎在金元帝國的底層。1908年，他有幸得到友人的資助赴巴黎學畫，並得到羅丹等藝術大師的親授指點。1911年他再次返美後長期客居紐約，從事文學與繪畫創作，並領導阿拉伯僑民文化潮流。當他感到死神將臨，決心讓自己的生命之火燃燒得更加光耀，遂不顧病痛，終日伏案，直到48歲英年早逝。

1904年5月，在戴伊先生的安排和許多朋友的幫助下，紀伯倫在戴伊先生的畫廊中舉辦了他的首次個人畫

展。畫展是成功的，畫展也為紀伯倫的文學創作打開了大門。紀伯倫認識了阿拉伯《僑民報》的創辦人，他答應《僑民報》每週發表《淚與笑》中的2篇文章。1903～1908年紀伯倫在《僑民報》發表了50多篇散文，總標題為《淚與笑》。

紀伯倫是位熱愛祖國、熱愛全人類的藝術家。在生命的最後歲月，他寫下了傳遍阿拉伯世界的詩篇《朦朧中的祖國》，愛與美是紀伯倫作品的主旋律。他曾說：「整個地球都是我的祖國，全部人類都是我的鄉親。」他反對愚昧和陳腐，他熱愛自由，崇尚正義，敢於向暴虐的權力、虛偽的聖徒宣戰；他不怕被罵作「瘋人」，呼籲埋葬一切不隨時代前進的「活屍」；他反對無病呻吟，夸夸其談；主張以「血」寫出人民的心聲。

文學與繪畫是紀伯藝術生命雙翼。紀伯倫的前期創作以小說為主，後期創作則以散文詩為主。此外還有詩歌、詩劇、文學評論、書信等。《先知》是紀伯倫步入世界文壇的頂峰之作，曾被譯成二十多種文字在世界各地出版。

一生顛沛流離，貧病交迫，終身未婚，一生孤獨，英年早逝.這樣歷經磨難的天才，卻將殘酷的現實當聖殿，把愛與美當信仰，深情地為生命獻上一朵玫瑰。

卡里·紀伯倫（1883～1931），黎巴嫩作家。生於黎巴嫩北部山鄉卜舍裡。12歲時隨母去美國波士頓。兩年

後回到祖國，進貝魯特「希克瑪（睿智）」學校學習阿拉伯文、法文和繪畫。學習期間，曾創辦《真理》雜誌，態度激進。

1908年發表小說《叛逆的靈魂》，激怒當局，作品遭到查禁焚毀，本人被逐，再次前往美國。後去法國，在巴黎藝術學院學習繪畫和雕塑，曾得到藝術大師羅丹的獎掖。1911年重返波士頓，次年遷往紐約長住，從事文學藝術創作活動，直至逝世。

紀伯倫青年時代以創作小說為主，定居美國後逐漸轉為以寫散文詩為主。他的小說幾乎都用阿拉伯文寫成，有短篇小說集《草原新娘》（1905）、《叛逆的靈魂》和長篇小說《折斷的翅膀》（1911）等。《折斷的翅膀》寫東方婦女的悲慘命運和她們與命運的苦鬥，譴責貪婪、欺詐和屈從，歌頌自尊、意志和力量。他的小說以主人公充滿哲學意味的獨白、對話和敘述，特別是

被壓迫被損害者充滿激情的傾訴取勝。他用阿拉伯文發表的作品還有散文《音樂短章》（1905），文詩集《淚與笑》（1913）、《暴風雨》（1920），詩集《行列聖歌》（1918），以及《珍聞與趣談》（1923）、《與靈魂私語》（1927）等。他用英文寫的第一部

作品是散文集《瘋人》（1918）。此後陸繼發表散文詩集《先驅者》（1920）、《先知》（1923）《沙與沫》（1926）、《人之子耶穌》（1928）、《先知園》（1931）、《流浪者》等，以及詩劇《大地諸神》、《拉撒路和他的情人》等。《先知》被認為是他的代表作，作者以智者臨別贈言的方式，論述愛與美、生與死、婚姻與家庭、勞作與安樂、法律與自由、理智與熱情、善惡與宗教等一系列人生和社會問題，充滿比喻和哲理，具有東方色彩。紀伯倫並自繪充滿浪漫情調和深刻寓意的插圖。

在15個月裡，相繼3位親人去世，並且因為治病，欠下了15000美元的債務。為了還債，紀伯倫兄妹便賣了家中的財物，紀伯倫靠寫文章、賣畫、做零工來賺錢，並且還要還債。這時候，紀伯倫在波士頓的老師戴伊知道了這個情況，伸出了援助之手。並在經濟上，精神上給予他們幫助。紀伯倫又能專心致力於寫作、繪畫，並且開始醞釀散文詩《淚與笑》的文字。紀伯倫認為詩人的職責是唱出「母親心裡的歌」。他的作品多以「愛」和「美」為主題，通過大膽的想像和象徵的手法，表達深沉的感情和高遠的理想。他的思想受尼采哲學影響較大。他的作品常常流露出憤世嫉俗的態度或表現某種神秘的力量。他是阿拉伯近代文學史上第一個使用散文詩體的作家，並組織領導過阿拉伯著名的海外文學團體

「筆會」，為發展阿拉伯新文學做出過重大貢獻。他的作品已譯成世界多種文字，受到各國讀者的歡迎。他的作品最先介紹到中國來的是《先知》（冰心譯，1931）。從50年代起，他的其他作品也逐漸為中國讀者所了解。紀伯倫的主要作品蘊含了豐富的社會性和東方精神，不以情節為重，旨在抒發豐富的情感。

1931年，紀伯倫逝世於美國紐約。之後，遺體葬於黎巴嫩。

2. 人物家人

紀伯倫的母親名叫卡米拉，她的第三次婚姻嫁給了紀伯倫的父親哈利勒生下了紀伯倫，還有紀伯倫的2個妹妹。

紀伯倫的父親是一個本分的山民，為人不錯，對工作也恪盡職守，但因為無法面對生活的壓力而以嗜酒作為逃避，以至於一家人生活日益窘迫。

在紀伯倫的印像中，父親經常喝醉回家，並且藉著醉酒對家人十分粗

暴。紀伯倫與父親的關係也因此而日益緊張。

　　1891年，紀伯倫8歲的時候，紀伯倫的父親因為被人誣陷而入獄，他們的房子和財產也被沒收。紀伯倫的母親決定去跟隨他的舅舅去美國。儘管1894年，紀伯倫的父親無罪獲釋，但是他媽媽依然下定決心要去美國。

　　相反，紀伯倫對母親的愛卻日益增加，母親溫柔善良，為一家人的生計苦苦操持，沒有一句怨言。母親也成了紀伯倫心中愛與美的化身，而母親的這種愛，正是紀伯倫最需要的，也是每一個孩子都需要的。因此，母親成了紀伯倫心靈和感情的支柱。

3. 寫作風格

　　紀伯倫的畫風和詩風一樣，都受英國詩人威廉·布萊克（1757～1827）的影響，所以，文壇稱他為「20世紀的布萊克」。1908年～1910在巴黎藝術學院學習繪畫藝術期間，羅丹曾肯定而自信地評價紀伯倫：「這個阿拉伯青年將成為偉大的藝術家。」紀伯倫的繪畫具有濃重的浪漫主義和象徵主義色彩，在紀念館收藏。在東方文學史上，紀伯倫

的藝術風格獨樹一幟。在美妙的比喻中啟示深刻的哲理。另一方面，紀伯倫風格還見諸於他極有個性的語言。他是一個能用阿拉伯文和英文寫作的雙語作家，而且每種語言都運用得清麗流暢，其作品的語言風格征服了一代又一代的東西方讀者。美國人曾稱譽紀伯倫「像從東方吹來橫掃西方的風暴」，而他帶有強烈東方意識的作品被視為「東方贈給西方的最好禮物」。

早在1923年，紀伯倫的五篇散文詩就先由茅盾先生介紹到中國。1931年冰心女士翻譯了《先知》，為中國讀者進一步了解紀伯倫開闊了文學的窗扉。近十多年來，我國又陸續出版了一些紀伯倫作品。這位黎巴嫩文壇驕子在中國有越來越多的知音。

4. 主要著作

短篇小說集《草原新娘》《叛逆的靈魂》

長篇小說《折斷的翅膀》

散文《音樂短章》《花之詠》《我的心靈告誡我》

散文詩集《先知》（被認為是他的代表作）《淚與笑》《暴風雨》《先驅者》《沙與沫》《人之子耶穌》《先知園》《流浪者》《組歌》（包括《美之歌》《浪之歌》《雨之歌》《花之歌》《幸福之歌》）

詩集《行列歌》《珍聞與趣談》《與靈魂私語》

散文集《瘋人》
詩劇《大地諸神》《拉撒路和他的情人》

國家圖書館出版品預行編目資料

紀伯倫代表作，林郁主編，
　初版，新北市，新視野 New Vision，2019.10
　　面；　公分 --
　　ISBN 978-986-98077-2-2　（平裝）

865.751　　　　　　　　　　　　108013384

紀伯倫代表作

主　　編　林郁
出　　版　新視野 New Vision
製　　作　新潮社文化事業有限公司
　　　　　電話 02-8666-5711
　　　　　傳真 02-8666-5833
　　　　　E-mail：service@xcsbook.com.tw

印前作業　東豪印刷事業有限公司
印刷作業　福霖印刷有限公司

總 經 銷　聯合發行股份有限公司
　　　　　新北市新店區寶橋路 235 巷 6 弄 6 號 2F
　　　　　電話 02-2917-8022
　　　　　傳真 02-2915-6275

初版一刷　2019 年 10 月